CARTA AO FILHO

ninguém ensina a ser mãe
betty milan

CARTA AO FILHO

ninguém ensina a ser mãe

betty milan

EDITORA RECORD
RIO DE JANEIRO • SÃO PAULO
2013

CIP-BRASIL. CATALOGAÇÃO NA FONTE
SINDICATO NACIONAL DOS EDITORES DE LIVROS, RJ

M582C

Milan, Betty, 1944-
 Carta ao filho: ninguém ensina a ser mãe / Betty Milan.
 Rio de Janeiro: Record, 2013.

 ISBN 978-85-01-40281-3

 1. Milan, Betty, 1944- 2. Escritoras brasileiras - Brasil - Biografia 3. Mãe e filhos - Biografia 4. Memória. I. Título.

 13-1787   CDD: 928.699
            CDU: 929.821.134.3(81)

Copyright © by Betty Milan, 2013

Projeto gráfico: Luiz Stein Design (LSD)

Equipe LSD: Eduardo Alves e Fernando Grossman

Texto revisado segundo o novo Acordo Ortográfico da Língua Portuguesa.

Direitos exclusivos desta edição reservados pela
EDITORA RECORD LTDA.
Rua Argentina 171 - 20921-380 - Rio de Janeiro, RJ - Tel.: 2585-2000

Impresso no Brasil

ISBN 978-85-01-40281-3

Seja um leitor preferencial Record.
Cadastre-se e receba informações sobre nossos lançamentos
e nossas promoções.

Atendimento e venda direta ao leitor:
mdireto@record.com.br ou (21) 2585-2002.

a vida talvez precise ser decifrada como um criptograma

André Breton

I

A estação das cerejeiras começou no dia em que você nasceu. Nem tudo foi cereja, claro. Mas, desde que vi o seu rostinho inchado – de quem já não cabia na barriga da mãe –, eu nunca mais soube da noite negra.

Devo o seu nascimento a uma grande amiga. Sonhou comigo na véspera e telefonou, dizendo que eu fosse logo ao médico. No sonho, você corria risco de vida. Fui, naquele mesmo dia, e o médico constatou que a placenta estava secando. Disse que a irrigação não era mais satisfatória e marcou a cesariana para o dia seguinte.

A amiga é a autora do verso que me ocorre quando você aparece: "E estando me faltas". Sendo poeta, ela é vidente, e foi graças a uma visão dela que você nasceu. Desde então, eu, que duvidava da vidência, acredito nas visões. Para ser vidente, é preciso ser sensível ao próprio inconsciente, e os poetas são.

O fato é que nós dois primeiro nos salvamos por um triz. Digo *nós*, pois, a partir do dia em que você foi concebido, eu não imaginei mais a minha vida sem a sua. E você agora não quer falar comigo, não responde aos meus e-mails, não atende o telefone. Como se a nossa história não existisse... O que me resta é escrever esta carta. Não a enviarei. Seria um ato louco. Len-

do o nome do remetente, você jogaria fora o envelope fechado e ficaria mais contrariado ficaria.
Escrevo para te tornar presente, mas não só. Quero rememorar a vida que tivemos – você, eu, nós – e me perguntar o que é ser mãe. Se não descobrir os meus erros, corro o risco de reincidir neles e te afastar mais ainda.
O ato de escrever, por outro lado, me permite resistir ao desejo imperioso de te procurar. *Afinal, por que não? Ele então não é cria minha...?* Como se, por ter criado o filho, a mãe tivesse o direito de forçar o encontro.
O que eu mais quero é te contentar, porque sem você eu não existo. Onde quer que você esteja, eu estou. Desde que você nasceu, tenho o dom da ubiquidade. Me transporto para o lugar onde você estiver.
Assim, você me telefonou da Índia, pois vomitava sem parar. Havia emagrecido muito. Contive o choro. Disse não ao desespero e te ouvi, já me perguntando como ajudar. Concluí, no ato, que precisava transmitir confiança na sua recuperação e fazer você contar consigo mesmo. Meu único recurso era este. Respirei fundo, disse o que precisava dizer e me acalmei. Tenho certeza de que outras mães fizeram o mesmo. Souberam não se desesperar para o filho viver. Dissimularam o medo para encorajar. Ser mãe talvez seja a arte de dar o que a gente não tem.
Uma semana depois do seu telefonema, me internei para ser operada. Você telefonou novamente da Índia, querendo saber como tinha sido a operação, e eu não contei a verdade. Não podia te atrapalhar.

Você estava filmando. Sou pela omissão quando ela é necessária. Você depende do trabalho para ficar bem, e o que me interessa é o seu contentamento. A vida pode ser curta. Inclusive a sua, embora eu não imagine isso. Não há dor maior do que a perda do filho. Nem imagem mais trágica do que a Pietà.

Cada dia é mais um que a gente tem a sorte de viver, e eu não quero que você perca tempo. Por isso, inclusive, te ensinei a não desejar o impossível. Não tive um filho para ter orgulho dele, e sim para me alegrar *com* ele. Quero o teu sucesso, porque ele te deixa feliz.

Onde quer que nós estejamos juntos, eu estou bem, e é esta a razão pela qual eu te sigo quando você diz "Vamos?". Dois anos antes de filmar em Bombaim, sugeri que nós fizéssemos uma viagem. "Só se for para a Índia, mãe!" Aceitei, embora não me sentisse preparada para tanto. A Índia é uma aventura para qualquer ocidental. Até o gesto para dizer *sim* é o gesto com o qual nós dizemos *não*. O indiano balança a cabeça de um lado para o outro. Só diz *sim* provocando o estranhamento.

Li tudo o que podia sobre o sul da Índia durante o mês que antecedeu a viagem. Pus o *Mahabharata* na mala e embarquei com você para ver os templos hinduístas, ouvir os Vedas à luz de velas e lavar as mãos em água de jasmim. Descobri, indo de Madras a Madurai, um país no qual o sorriso é cultural e as pessoas não perdem a calma. Nem mesmo nas estradas, onde a circulação não obedece a regras predeterminadas e o tempo todo o desastre parece iminente.

Por ser impaciente, me dei conta da importância do ensinamento da paciência. Só isso teria justificado a viagem à Índia, onde o descanso e a meditação são fundamentais e os homens têm a liberdade de fechar os olhos e se isolar no meio dos outros ou até mesmo deitar no espaço público. Os homens e os deuses, que podem ser representados na horizontal, como Vishnu. Cansado de dar proteção aos mortais, ele medita deitado sobre a próxima criação.

O dia do seu nascimento foi de festa, e o do meu também. Porque, antes de me dar à luz, sua avó concebeu um menino que se enrolou no cordão umbilical e morreu. E ela teve que esperar o parto normal. Viveu um mês com uma criança morta no ventre. Quando eu apareci, este passado triste foi esquecido. A luz que emanava da recém-nascida viva ofuscou a história do natimorto. Ninguém mais pensou na esperança abortada, no primogênito enterrado numa caixa de sapato.

Fiquei eu no lugar dele. O destino do menino e o meu se entrelaçaram; ele passou a existir em mim e eu me tornei tão homem quanto mulher. Essa androginia me predispôs a grandes encontros com homossexuais, inclusive na época em que, além de marginalizados, eles eram assassinados no Brasil. Quando eu tinha 18 anos, Michel Foucault, que estava em São Paulo como conferencista, me disse: "Você é tão afável quanto um rapaz". Demorei para entender a frase. Por ser particularmente sensível, além de homossexual, ele percebeu que havia em mim um rapaz. Isso explica por que sempre me apaixonei por homens com traços delicados, verdadeiros andróginos. A gente se apaixona pelo outro que espelha a nossa alma, e, quanto maior o espelhamento, mais desvairada é a paixão.

Tive pelo seu pai uma paixão desvairada. Ele era a própria figura da ambiguidade. Sendo jovem, evocava o velho e vice-versa. Já com 18 anos, tinha cabelos completamente brancos. Aos 68, pouco antes de morrer, sustentava a liberdade com o mesmo ardor da juventude. Por outro lado, sendo homem, era uma sílfide, tão mulher quanto eu sou homem.

Nunca nos separamos, apesar de não termos sido fiéis. Ou melhor, só termos sido fiéis à nossa lealdade. O ideal da fidelidade é o ideal do amor. Mas, como se tratava de um imperativo da moral burguesa, não podia ser o ideal dos que fizeram a revolução sexual dos anos 1960.

Você é contra a infidelidade e pode ser, pois, graças à dita revolução, a fidelidade já não é obrigatória. Não me ocorreu dizer isso a você e eu percebo que, entre nós, havia um problema de comunicação, como você me disse mais de uma vez. Ouvi sem escutar. Por quê? Por ser filha de uma mãe que não me escutava ou por considerar que, sendo psicanalista, o problema não podia ser comigo?

O fato é que, sem adotar os valores da moral contestada por seu pai e eu, você não concebe a traição. Quer o amor absoluto. Gosto disso, mas sei que a paixão existe e todos nós estamos sujeitos a ela.

A paixão por um ou uma amante não estava prevista no acordo existente entre mim e seu pai. Nós éramos favoráveis a encontros ocasionais, porém, não concebíamos a possibilidade do triângulo. A única relação duradoura aceitável era a nossa. Mas um dia encontrei Oswald, de quem não podia me separar, e o triângulo se impôs. Cada um dos homens sabia da existência do outro e os dois se ignoravam.

Seu pai era um homem do norte, um alsaciano. Já o amante, como eu, era do sul – o sul de uma neta de imigrantes libaneses. Vi nele o Mediterrâneo. Olhos da cor do mar, a pele da cor da minha, morena, e os hábitos dos meus ancestrais. Não sentava à mesa sem o tomate e a oliva. Como meu avô, meu tio, meu pai. Com ele, voltei para a cidadezinha de São Paulo onde meus avós paternos se estabeleceram e eu menina passava as férias, Capivari. Não resisti ao amante, embora desejasse.

Quem resiste à infância? Ninguém. Tive uma das melhores provas disso quando entrevistei os paulistas sobre São Paulo para o romance no qual a comparo ao inferno de Dante: "tão má e perversa que nunca a sua sede se apazigua... *malvaggia*". Os paulistas diziam o diabo sobre a cidade, mas reafirmavam seu amor por ela: "São Paulo é maravilhosa. Aqui tem campo para tudo. Olha essa Paulista... você fica arrepiada de ver os arranha-céus. Que potência! Olha esse Masp... Que construção! E a vista do Anhangabaú? Poxa! E o Trianon? Quarenta e seis espécies nativas!" A fala é a de um homem que, por ter sido assaltado várias vezes, não saía de casa sequer para ir à missa no domingo. Só elogiava São Paulo por ser sua cidade natal.

    Com o amante, eu ia para outra cena em que nada me contrariava. Mas a posição em que eu estava era insustentável. Como todos nós, seu pai era contraditório. Apesar de ser um libertino, sentia ciúme, e eu sentia pena dele. Não gostava de fazer sofrer o homem que me acolheu em Paris e me possibilitou ser tão parisiense quanto brasileira. Eu amava o belo alsaciano que me abriu as portas da Europa, foi meu anfitrião.

    Tentei sair da posição e não consegui. Na curva dos 50, não era mais possível viver sem a volta às origens. Por sorte, apesar do ciúme, seu pai me deu a liberdade de que eu precisava. Fez isso por ter a cultura dos libertinos franceses. De quem construía um palácio para abrigar a própria família e ainda o amante da esposa com a respectiva família. Como o proprietário do prédio onde hoje está o Museu Picasso no Marais. Não é por acaso que nós sempre moramos neste bairro. Antes de se tornar o bairro dos *gays*, foi o dos libertinos.

Seu pai teve comigo uma grande generosidade. Podia eu não ter ficado inconsolável quando ele morreu? Perdi a pessoa que mais apostou na minha liberdade. Me isolei, para não encontrar os que faziam pouco do meu luto. Como se, por ser adúltera, eu não pudesse chorar o marido morto. Como se nós não fôssemos contraditórios e alguém pudesse atirar a primeira pedra. Ninguém pode, e a frase proferida pelo Cristo para escudar uma mulher adúltera está entre as joias do cristianismo.

Enterrei seu pai depois de uma luta insana para evitar o prolongamento inútil da vida dele. O câncer já havia se espraiado e a quimioterapia não se justificava. Ele não podia mais comer, estava com insuficiência renal e respiratória e o médico continuava a dar antibiótico, alegando que o coração batia. Com o tratamento, o "paciente" continuava a viver e a se desesperar. Nós assistíamos à degradação do nosso querido.

Você só soube da oposição ao médico ao ler o romance que escrevi. Mas um dia, quando seu pai arrancou a sonda gástrica, dando a entender claramente que desejava o fim, você se manifestou contra a obsessão terapêutica. "Para que isso, mãe?" Preferia sofrer o maior golpe da sua vida a ver o padecimento do pai.

Não sei qual de vocês sofreu mais. No seu delírio, pouco antes do coma, ele tentava te proteger: "Não dê seu endereço a ninguém, filho... os nazistas são capazes de qualquer coisa". Você apertava a cabeça entre as mãos e chorava.

Depois da morte, você me perguntou: "Por que só eu tenho que passar por isso? Os outros têm pai". A sua orfandade me deixou mais órfã do que nunca, e eu não era capaz de te consolar.

Peguei o avião para o Brasil, desembarquei em São Paulo e fui para o cemitério ver o túmulo da família. Depois, só queria ficar entre pessoas estranhas. Quanto mais sombrias, melhor. Errava pelas ruas em silêncio, ouvindo "um real... me dá um real", conversando às vezes com alguém que me pedia esmola para comer ou se drogar. Ouvi o paraplégico que não podia se aposentar por invalidez e esmolava numa cadeira de rodas, a mulher que mendigava para a filha não se prostituir, o catador de papel ameaçado de morte, bala perdida ou paulada na cabeça... Mas não foi a escuta desses infelizes que me consolou, foi a consciência de que seu pai estava e continuaria comigo.

Errei até me dar conta de que perder não é deixar de ter e ninguém deixa necessariamente de existir porque morre. Passa a existir na memória. O nosso consolo é este. Sem rememorar, não suportaríamos a perda – a de um ente querido ou a do tempo que passa.

Sua avó não fica um dia sem falar do marido morto. Uma eternidade que meu pai morreu – eu tinha 21 anos – e ela fala dele todo dia. À noite, se fecha no quarto para conversarem. Antes de dormir, põe um tango. Pega no sono sonhando que dança. "*Y todo a media luz/ La media luz de amor...*" Ao acordar, ouve Roberto Carlos, que eu também ouço quando durmo lá. Não idolatra o cantor por acaso, e sim porque ele canta Maria Rita, a esposa morta. Falando do marido, mamãe se certifica de que ele existe. Roberto Carlos canta a amada para que ela não deixe de existir. Nega a morte e a condição de viúvo. As duas histórias fazem pensar em Inês de Castro, que morreu e foi eternizada pelo marido. Era esposa secreta de Dom Pedro I de Portugal e foi assassinada pelo pai dele. Quando o pai perverso morreu, Dom Pedro I mandou desenterrar Inês e pôs o cadáver no trono a fim de que a nobreza beijasse a mão dela. Fez da amada uma rainha.

Fui a Alcobaça em peregrinação. Porque só o amor justifica a existência. Traz felicidade e afasta a tristeza. Ele é maior do que a morte. Nós somos pó, mas pó amoroso, como diz Quevedo. Sempre desejei ser amada por alguém em cuja presença pudesse dizer: "E estando me faltas". Ou cuja ausência pudesse superar com: "Não estando, estás". Isso me aconteceu, e eu dou graças por ter te acontecido também, embora tenha me surpreendido quando você me falou que a namorada era a mulher da sua vida. Me surpreendi e secretamente me perguntei: "E eu?"

Só o amor justifica a existência, mas ele pode prejudicar. Por ter perdido o primeiro filho, mamãe não concebia que eu pudesse ficar doente, e isso me custou caro. Vivi sempre com medo de adoecer, ameaçada pelo menor mal-estar. Como se uma simples gripe pudesse me custar o amor da mãe. E, embora seja médica, neguei a doença a ponto de ter postergado durante anos uma operação imperativa da tireoide.

Por outro lado, graças ao desejo da mãe, tive com o corpo uma relação cuidadosa sempre que isto se impôs. Aos 20 anos, ouvi do ortopedista que eu sofria de dor no pescoço por ter duas costelas extranumerárias, e a extração delas era necessária. Atemorizada com a perspectiva das sequelas operatórias, fui consultar um neurocirurgião. Me disse que o corpo humano não é feito em cima de uma régua e a operação não era imperativa. Corrigi a postura e aprendi que a anomalia pode não ser significativa.

Com a idade, fiquei particularmente atenta ao corpo, aos sinais que ele me dá. Me valho deles para fazer a prevenção da doença. E, se o médico diagnosticar uma doença, não é a ela que dou ênfase, e sim aos recursos de que disponho para limitar as consequências do diagnóstico.

Uma súbita esofagite, pouco antes da morte do seu pai, me fez mudar de conduta alimentar. Hoje, só como a metade do que me oferecem e tomo, no máximo, um copo de vinho por dia. Passei a valorizar a contenção para não topar nas limitações da idade, que eu driblo continuamente. Vai me pegar aqui? Não pega, porque já estou noutro lugar. Faço com ela o que Dom João VI fez quando as tropas de Napoleão entraram em Portugal. Declarou que Portugal já não estava onde fica e embarcou para o Rio de Janeiro.

O prazer do drible obviamente não me faz esquecer os bons tempos do vinho farto. Meu lema era *Quand mort seras point ne boiras...* Depois de morto, ninguém bebe. Vi a frase num restaurante do Loire, onde passávamos as férias, e fiz dela um lema. Foi graças ao vinho que eu visitei a casa de Rabelais, perto de Chinon. A visita me marcou pelo texto no qual ele faz pouco dos "sorbonícolas, sorboniformes", os intelectuais que difundiam um ensino contrário ao riso. Concluí que estava ali pela França de Rabelais, o país francês do brincar.

Você foi concebido nos dias fartos do brincar, em pleno Carnaval. Excepcionalmente, em vez de ir para a Avenida, fui para o sítio de um amigo e voltei grávida. Você nasceu em outubro. No primeiro dia, eu te estranhei. Olhinhos puxados como os de um japonês. Estava assim em decorrência da cesariana, mas, por narcisismo, eu não me dei conta. Como era possível que você não tivesse os meus traços, não me espelhasse?

De saída, a mãe tem que aceitar a diferença. Dá à luz e depois não cessa de dar a vida, aceitando o filho como ele é. Oferece o seio. Embala e canta para induzir o sono. Fica vigilante quando ele engatinha. Mais ainda quando começa a andar... E, um dia, precisa aceitar que ele tem sua vida, e não solicitar continuamente a sua presença, como eu. Acaso foi por eu não ter família em Paris? Seja como for, não é desculpa. Pena que eu não possa te encontrar agora para dizer isso.

A maternidade implica a contenção – além da doação, que começa imediatamente depois do parto e pode ser custosa. A cesariana me deixou exausta, e eu não queria amamentar. Sua avó teve que insistir para eu fazer isso. Deu à luz? Amamenta, "dever de mãe". Por sorte, me apaixonei por você no meu seio, como havia me apaixonado por você no meu ventre. Até hoje, durmo com o joelho direito apoiado num travesseiro, como se ainda estivesse grávida e precisasse de um suporte para levantar a perna por causa da barriga. Impossível me esquecer da gravidez, do cuidado comigo que você me inspirava, da vontade de viver para que o meu menino vingasse.

Gostei tanto de amamentar que, na hora do desmame, quem chorou fui eu. Nada era mais importante do que o leite escorrendo do meu seio para a sua boca, do que o calor daquela hora em que todos os anjos tocavam para nós e eu te chamava de filho. Uma hora inesquecível em que a mãe não precisa fazer nada para ser reconhecida, nada, senão estar para o bebê. Isso é visível em quase todas as representações da madona, que só existe para segurar o menino Jesus.

O desmame nada significou para você, que foi em frente com a sua força. Seu pai, aliás, disse que você era a força tranquila e, por isso, te comprou um elefante de pelúcia. Ainda está no armário e vai ficar, até o dia em que o dono futuro da casa se desfizer dele, ignorando o quão significativo foi para nós. O destino de todos os bichos de pelúcia é este. Há sempre um dono futuro. Bastaria isso para nos desapegarmos das coisas e não trancarmos a porta.

A casa dos meus avós em Capivari ficava aberta, e eu nunca ouvi falar de roubo. O avô abria a porta de manhã e fechava com uma trave antes de dormir. A casa era uma extensão da rua e vice-versa, porque, no fim da tarde, as cadeiras se alinhavam na porta para mais uma conversa antes do jantar, como nas cidades do Mediterrâneo. Sem ver, os parentes enxergavam o mar e bendiziam aquela hora no interior do Brasil, onde "moravam em árabe". Pouco importava que o Líbano fosse distante: transferiu-se com eles para o novo país.

Não sei o que era melhor no Líbano do Brasil. Se a casa dos avós ou a praça onde nós crianças brincávamos e meu avô tinha um banco com o nome dele. A entrada da casa era a venda, onde o avô, que chegou em São Paulo no começo do século passado e primeiro foi mascate, comerciava arroz, feijão, café e algodão. Me lembro dos grãos expostos em cima de uma escrivaninha de madeira, cujo tampo arredondado só ele abria e fechava.

Nessa venda, os homens passavam boa parte do dia conversando ou jogando *taule*, o gamão árabe. A venda só me interessava por uma cadeira Taunay em que eu gostava de me balançar. A cadeira reapareceu nos dois lugares onde moro. Sem me lembrar da infância, comprei uma Taunay em Paris e outra em São Paulo. A infância se lembra de nós e determina subrepticiamente até a escolha dos objetos. Segundo o tio de quem eu mais gostava, "o importante é aquilo de que a gente se esquece e, de repente, volta". À sua maneira, ele entendia do inconsciente.

Da venda, que era o território dos homens, nós entrávamos num salão, concebido pelo avô para a sua futura grande família. Já depois do primeiro parto, vovó sabia que teria cinco filhos, "pelos nós da placenta, os nós contados pela parteira, Inhabé". Não sei se esta crença, segundo a qual o número de nós corresponde ao número de filhos, era originária do Líbano ou do Brasil. Só sei que essa avó acreditava no destino, e a palavra *maktub* ("estava escrito") era recorrente na sua fala. Primeiro, deu a vida a todos os que, *maktub*, ela concebeu e, depois, cuidou dos descendentes até o fim. Não parou de dar a vida. Era chamada quando qualquer um de nós adoecia, pois ninguém cuidava melhor do que ela. Fez a América sendo uma grande mãe do Líbano no Brasil.

No centro do salão, ficava uma mesa longa, inesquecível pela profusão de pratos, todos executados no rigor da tradição. Quem capitaneava a produção era a avó, secundada por uma cunhada e pela eterna empregada – a negra –, que, além de trabalhar com elas, fazia goiabada num tacho no quintal. Na cozinha, eu via a dança do pão árabe. A avó atirava a massa no ar para a cunhada, moldando assim o pão com o balanço dos braços e a rotação do corpo. Até que a espessura da massa fosse a do pergaminho. Não sei de quantos mil anos a cena é datada, só sei da maravilha.

A fartura era a prova da ascensão da família, e nada podia faltar. Por outro lado, a comida estava associada à saúde, e nós éramos induzidos a comer mais e mais. Ainda ouço a palavra *sahtein* ("saúde"), proferida quando sentávamos à mesa. O resultado da associação entre comida e saúde foi a obesidade de vários membros da família. Também eu fui vítima do *sahtein*. Vivi às voltas com o desejo de emagrecer por gostar de comer mais do que o necessário. Contrariamente ao que diz o provérbio, gosto se discute. Insensivelmente, somos levados a gostar disso ou daquilo, a obedecer a imperativos ancestrais.

Hoje, sabemos que, para estar nutrido, não é preciso estar saciado, e que sair da mesa com um pouco de fome é bom. Mas essa conduta, na minha infância, seria considerada insana. A identificação com os mais velhos me impediu durante muito tempo de dizer *não* à cultura alimentar do glutão, que visa ao prazer imediato e negligencia o estrago provocado pelo excesso. A identificação com os outros pode ser contrária a nós mesmos, e é por isso que eu tanto insisto para você fazer análise.

Do ponto de vista dos meus ancestrais, a gordura obviamente não era sinônimo de estrago. Uma das minhas tias, de pele morena e traços delicados, dançava o *dabke* depois do jantar, valendo-se da dança para exibir as formas avantajadas. Cruzava o pé direito na frente do esquerdo, levantava a perna – uma tora – e descia batendo o pé... a tora-perna direita, a esquerda, e ela recomeçava. A certa altura, batia o pé se desancando e sorrindo maliciosamente. Tirava um lenço do bolso, passava de uma para outra mão e girava o lenço como um cata-vento. Um *dabke* do Brasil, que poderia ter inspirado *Oito e meio* de Fellini. A tia era uma Saraguina.

Outro tio meu tinha a largura da porta e andava precedido pela barriga. De tão glutão, acabou fazendo um *souk* ("bazar") num galpão da cidade. Comprava tudo e depois punha à venda... mesas, cadeiras, armários, tapetes, lustres, pêndulos, rádios, tachos, fogareiros... Nunca me lembro da tia ou do tio sem pensar nas guloseimas que eles nos ofereciam, às escondidas dos nossos pais. Para os dois, o prazer era a única lei do desejo.

A casa do avô também era o espaço do prazer que ele propiciava com as histórias do Oriente. Talvez fossem das *Mil e uma noites*. Os netos à sua volta, ele contava em português, introduzindo aqui e ali uma palavra árabe, para enaltecer as suas origens e mostrar a relação entre as línguas. A toda vez, dizia: "As palavras do português começadas com *al* são de origem árabe". Dizia pronunciando o *al* com a língua no céu da boca, de modo a nos fazer ouvir o *l*. Ensinava a gostar das línguas.

O seu bisavô era um sábio libanês que andava na rua com as mãos cruzadas atrás das costas. Às vezes, cabisbaixo, por estar pensando. Na história que ia nos contar? Na palavra que estabelecia uma ponte entre as línguas e aproximava o Líbano do Brasil? O cosmopolitismo e a honestidade eram seus principais valores. Apresentava-se como um homem de palavra, insistindo na importância da palavra dada. Sou cria dele. Para a casa dos avós paternos, a palavra *saudosa* é o adjetivo justo. Um espaço de inclusão, onde três gerações conviveram bem e a porta estava sempre aberta para o amigo que chegasse. *Ahlo sahla!*

A nossa casa também sempre foi a do amigo. Você entrou nela, pela primeira vez, com o perfume dos lírios enviados por um amigo. Ele mandou junto os jornais do dia – "a fim de que o menino possa se informar sobre o país no dia do seu nascimento". Duas dúzias de lírios brancos inesquecíveis. O bom astral do espaço ainda hoje tem muito a ver com os buquês que ele enviava, tornando-se presente com o perfume das flores e suas cores. Nunca se repetia. Dispunha da flora inteira para celebrar a amizade.

Não sei dizer exatamente quem o amigo era. Nasceu poeta e se tornou publicitário. Gostava tanto de Chaplin que se apresentava como Carlito. Nunca foi à escola. Aprendeu tudo na escola da vida. O saber dele era o saber pragmático da cultura brasileira, favorável ao nacional sem ser nacionalista, brincalhona sem deixar de ser séria. Como exemplo disso, uma das suas célebres frases: PENSO NOS OUTROS, LOGO

EXISTO. Brincando, ele reinventou o "Penso, logo existo" de Descartes, insistindo na responsabilidade social do pensador. Antes de se tornar publicitário, foi *office boy* e sargento. Só depois entrou na escola de publicidade. Era dos que só contam consigo mesmos. Sempre citava os versos de Antonio Machado: "*Caminante, no hay camino. Se hace el camino al caminar*". São versos que eu cito para fazer você ir em frente quando não sabe como avançar.

À maneira dos cantadores do Nordeste, Carlito fazia pouco da lógica da contradição. Dizia, por exemplo, que venceu na vida perdendo, sendo um fracasso bem-sucedido. Com isso, fazia rir e ensinava que é melhor privilegiar o acordo do que a vitória. Nunca se opunha frontalmente a ninguém, porque, "na falta de saída, a gente escapa pela entrada".

Também ensinava a não valorizar a tristeza, evitando falar dela. Mais de uma vez, recebi um bilhete com: "Conta no teu jardim as flores e os frutos, mas não conta as folhas que tombaram". E ele instigava a não perder a esperança, aconselhando a "não começar a parar e não parar de começar". Comemorava todo ano o fato de ter largado a bebida, comunicando que havia conseguido se abster, expondo assim a sua força e a sua fraqueza.

Um dia, me convidou para conhecer Lavras, sua cidade natal. "Voo de passarinho. Vamos hoje para Minas e voltamos amanhã." Por sorte, eu aceitei. Para lembrar dos ipês floridos e da história de uma avó que só usava roxo e amarelo, as cores das árvores da cidade. Para lembrar o prazer que a maconha propiciava a

cada curva da estrada e ousar um poema, "Quae sera
tamen", que é a expressão da paz daquela hora.

No Triângulo das Bermudas
Das Minas Gerais
Apareceram duas pessoas
Absolutamente novas

NOVAS
NUNCA ELAS DIZIAM TUDO
OU
ELAS NUNCA DIZIAM NADA
NENHUMA DESEJAVA PARA OU PELA OUTRA
NEM MESMO BOM DIA

Ele disse a ela: PARA SER POETA
                 TINHA QUE EM MINAS
                 TER NASCIDO
                 PARA SER POETA
                 TINHA QUE EM MINAS
                 TER FICADO

Ela não acreditou, mas assentiu
ENCOMENDARAM A PAZ ATÉ NA DISSONÂNCIA
ACORDO ELES NUNCA QUISERAM

Gostaria de conquistar a paz com você até na dissonância. O acordo com o filho só é decisivo até ele se tornar adulto. Depois, é preciso aceitar que tanto pode ter ideias diferentes quanto ter os seus segredos. Fui incapaz de mudar de posição. Você foi embora de casa, e eu queria que você me telefonasse todo dia. "Não custa nada." Você não estava de acordo e não ligava. Sua vida havia mudado, precisava se adaptar à faculdade, aos colegas... Em vez de esperar seu telefonema, eu ligava quando bem entendia, sabotando a nossa relação. Será que fazia isso porque sua avó nunca se perguntou se devia ou não me telefonar? Posso ter imitado sua avó inconscientemente...

Quero uma paz definitiva entre nós. Acredite. Sei que para tanto preciso ter paciência, esperar que você se manifeste. Até lá, escrevo na esperança de que o simples fato de fazer isso ajude.

O amigo da paz, Carlito, fez a hora reinventando o *flower power*, conquistando amigos com flores e frases. Usava a posição de diretor da Globo para difundir o ideário *hippie*. Isso só seria possível no Brasil, onde a seriedade não implica a sisudez. O buquê tanto servia para parabenizar os escritores e os artistas em nome da televisão quanto para comemorar o aniversário dos seus milhares de queridos. Inclusive o seu e o meu. Não foi chamado *amigo dos amigos* por acaso. E o buquê era especial, pois chegava com palavras de mel, escritas com uma caligrafia inconfundível. Me aproximei dele por causa do gosto comum pelo neologismo e pelo trocadilho. A relação de Carlito com a língua me fazia pensar em Lacan, autor de um dos mais incríveis neologismos: *parlêtre*, traduzido do frânces por *falesser*. Numa só palavra: a fala, o falo, o ser e o falecer. O *falesser* é o ser humano, que já nasce prometido à fala, ao sexo e à morte. Não sei de afinidade maior entre a palavra e o que ela designa. Por isso, discordei de Octavio Paz quando ele me afirmou numa entrevista que os poetas precisam de pouco para fazer muito, enquanto os psicanalistas precisam de resmas e mais resmas de papel. Discordei, pois Lacan precisava de pouco.

 Carlito também. Usava o neologismo para exercer seu ofício. Fez mais de uma campanha publicitária reinventando a língua e se valendo da surpresa para convencer. Brincava para ser sério. Quando este amigo devoto da palavra se tornou afásico, eu só me consolei escrevendo um romance, a história de Ana, que se confronta com a súbita mudez do amigo e faz uma dura travessia até aceitar a perda.

 Refleti neste livro sobre a morte, que já havia me golpeado levando meu pai, e cujo golpe doeu novamente quando Carlito adoeceu. Porque o amor do amigo era como o do pai, desinteressado. Uma das suas frases memoráveis é: O AMOR DO AMIGO NUNCA É DE AGORA. A frase poderia ser usada para ensinar que não se pode confundir o amigo e o cúmplice. À diferença do cúmplice, o amigo nunca se liga ao outro por interesse.

    Aprendi, escrevendo o livro, que a morte pode ser uma estrela. Por um lado, ensina a não perder tempo. Por outro, que ninguém deve lamentar a perda como se não fosse morrer. Ao escrever o penúltimo capítulo, citei Noel Rosa: "Quando eu morrer/ Não quero choro nem vela"... Citei pensando no meu pai, que era carioca na alma e adorava essa música, mas também pensei em você. *Não quero choro nem vela*, pois sempre fui particularmente livre e pude dispor do meu tempo como desejava. Mais que isso não existe.

    Não sei dissociar os fatos narrados no romance dos vividos. Há cenas no romance que eu nunca teria imaginado, e a realidade me inspirou. Particularmente as visitas de Ana ao amigo doente, que me transportam para o apartamento onde Carlito sobrevivia à sua pena, escrevendo com uma varinha para indicar as letras do alfabeto. A última frase que ele escreveu para mim foi: "Você é única".

    Como no romance do amigo, o ponto de partida para o que eu escrevo é o que eu vivo. A fronteira entre o privado e o público não me preocupa. Não me sinto obrigada a maior ou menor transfiguração – e não porque seja indiferente ao pudor. Me debruço sobre a realidade para entender a vida, meu principal tema. Assim, por exemplo, escrevi sobre você na página 3 da *Folha de S. Paulo*, em "Tendências e Debates".

Foi em 1983. O jornal me encomendou um artigo para o ano-novo, sugerindo que eu escrevesse sobre 1982. Sondei os temas possíveis, as eleições, o tombamento de Olinda, o *Wozzeck* no Municipal, e o tema que se impôs foi o seu nascimento. Tratei-o, analisando a função materna, na qual eu estava começando a me exercitar. Procurei honrar assim o convite do editor.

Freud se valeu dos próprios sonhos para escrever *A interpretação dos sonhos* e descobrir o funcionamento do inconsciente. Na trilha dele, eu me debruço sobre o que me acontece. Com esse procedimento, me exponho mais. Só que ele permite abrir um caminho novo. Prefiro o risco da exposição ao da repetição. Uso a palavra sobretudo para descobrir o que não sei, e não para comunicar o que sei. Por isso, nunca quis ensinar.

Não te ensinei nada diretamente. Porém, como o trabalho me impedia de estar sempre no país onde você estava, você teve que aprender a se separar. Não é de somenos importância. Sei que para você não era fácil largar do Brasil, voltar às aulas na França quando eu não podia ir junto. Ainda ouço o seu choro no elevador. "Por que você me obriga, mãe? Por quê?" Difícil, mas eu confiava na sua capacidade de suportar.

Agora, se deixei o ensino para a escola, fiz de tudo para transmitir o gosto da língua. Primeiro, cantando para você no berço, te fazendo ouvir a minha voz. Talvez por isso você seja tão sensível a ela e eu não possa te esconder nada. Estranhando, você me pergunta o que eu tenho.

Primeiro a voz e depois as palavras. Conversava com você no meu seio. Quando começou a falar, eu repetia as suas palavras para você saber que eu havia escutado. Sem me dar conta, fazia o que o analista faz. Ele reenvia ao analisando a mensagem deste, e eu te reenviava a sua. A seguir, passei a nomear as pessoas, os bichos e os objetos pelos quais você se interessava. Dizia claramente o nome, dava sinônimos, enfatizando a riqueza da língua. Muito cedo dei a entender que a palavra é o nosso abre-te-sésamo.

A sua primeira infância me inspirou o último capítulo de um romance, cujo tema é a paixão da mãe pelo filho. Para convencê-lo da importância da palavra, a mãe conta que, no Oriente, um bom verso podia ser recompensado com um vizirato.

Não segui a orientação segundo a qual, sempre que o pai e a mãe falam línguas diferentes, cada um deve falar só a sua com a criança. Uma orientação que me levaria a falar só o português com você. Falei também o francês. Por acreditar que é importante transmitir a possibilidade de passar de uma língua para outra. Por outro lado, te induzi a estudar seriamente o português na adolescência. Meu procedimento foi contrário ao dos meus ancestrais libaneses, que não nos legaram a língua do seu país de origem, privando-se do gosto de nos ver falar o árabe como eles. Meus ancestrais perderam de vista as origens fenícias e a vocação cosmopolita. Talvez por não serem homens do mar, e sim da montanha, camponeses do Bekaa, apegados à terra. Tanto que, na casa deles, havia uma reprodução do quadro de Millet, o *Angelus*, que representa a reza de um casal de camponeses. Coube a mim lembrar o cosmopolitismo, que hoje molda a minha vida. Não vivo por acaso seis meses na França e seis meses no Brasil. O meu "nomadismo" tem uma razão de ser.

Não aprendi o árabe, mas era esta a língua que meus avós paternos falavam comigo quando nasci. Fui ninada com a sua sonoridade, que me marcou profundamente. O árabe formata a minha escrita, impõe um ritmo que deve se cumprir para que a frase me convença e eu prossiga. Escrever, no meu caso, é uma forma de voltar à infância, e por isso importa tanto. Nada me faz mais bem do que esse ato.

O árabe era a língua falada pelos adultos, os avós e os pais, que só ensinavam uma ou outra palavra para as crianças. *Ahlo sahla*, a saudação, *iahabibe*, que significa "querido". Meu avô era um autodidata culto, que recebia livros de Alexandria e valorizava a própria língua. Já meus pais consideravam que o árabe nada acrescentava à nossa formação, eram xenófobos em relação a si mesmos. Tanto quanto eu me tornei ao ser tratada na adolescência de *turquinha*.

A xenofobia é comum entre os imigrantes e seus descendentes. Também por isso escrevi *O Papagaio e o Doutor*, sobre uma descendente de imigrantes que é obrigada a fazer análise até se liberar da xenofobia alheia e da própria.

A língua árabe, que não foi transmitida, acabou sendo a língua ininteligível dos mais velhos. Valiam-se dela para dizer o que não devíamos saber. Um idioma que nos excluía. Tentei aprender na adolescência, e o avô começou a ensinar. Um, *uahed*, dois, *nain*... um dois três, *uahed nain klete*. Decorei os números, as letras do alfabeto, e não passei daí, pois o avô adoeceu e ficou impossibilitado de ensinar. Com isso, não tive acesso direto à cultura do mundo árabe, que se limitou à história dos imigrantes, dos que fizeram a América trabalhando de sol a sol.

Eram cristãos e, ao largar o Oriente, se voltaram completamente para a cultura do Ocidente. Assim, fui introduzida no inglês e no francês cedo. Aos 3 anos, o inglês entrou em cena, porque a família se radicou nos Estados Unidos. Mamãe corria o risco de ficar cega, e meu pai tomou a decisão de levá-la para Chicago. A fim de pagar a viagem, vendeu primeiro o ponto do consultório. Depois, vendeu o resto. Mamãe conta que, no pacote, também foi o chapéu verde de aba larga da sua lua de mel.

Nos Estados Unidos, ela se curou, e ele se especializou em oftalmologia. Aprendi um número suficiente de palavras para ousar a independência e um dia desapareci, numa das grandes lojas de Nova York. Fui encontrada na sorveteria da loja. Supostamente, sabia dizer *I want ice cream*. Na volta a São Paulo, me puseram numa escola americana. Saí falando o inglês com a mesma espontaneidade do português, pois já havia sido exposta à língua.

Durante o ginásio, estudei o francês com uma professora particular, que contava histórias de Paris e me fazia sonhar ainda mais com a cidade. Digo ainda mais, pois eu já nasci sonhando. Como o Líbano foi, no século XIX, um protetorado francês, Paris era a referência dos meus avós e dos outros imigrantes libaneses. Isso decerto contribuiu para que eu tenha decidido viver na cidade, aos 18 anos, quando vi a *Vitória de Samotrácia* no Louvre. Enxerguei, na estátua alada, um símbolo da liberdade.

A gente pode esquecer os ancestrais. O desejo deles nunca esquece a gente, é o chamado *desejo do Outro*, que só não é o destino porque tanto podemos dizer *sim* a ele quanto *não*. Ao contrário do personagem da tragédia grega, nós, humanos, temos uma saída.

A educação pelas línguas prepara para a viagem e desperta o interesse pelo outro. Acredito que pude escutar deus e o mundo por ter tido essa educação.

Comecei por escutar analisandos no meu consultório, e os doentes dos hospitais psiquiátricos onde trabalhei, inclusive o Juqueri, que era e é mais um presídio do que um hospital. Me lembro das enfermarias com grades nas janelas, dos pátios de concreto em que os doentes passavam o dia sonados, andando de um lado para o outro. Alguns fumando ininterruptamente. O corpo da maioria era disforme, a boca sem dentes, os dedos tingidos de amarelo pela nicotina. Seres humanos que a vida no hospício havia transformado em animais.

Naquela época, um dos meus livros de cabeceira era *História da loucura*, de Michel Foucault, e eu imaginava que, depois de tal livro, os Juqueris do mundo desapareceriam. Não sabia que as ideias raramente têm impacto imediato sobre a realidade e podem demorar para intervir nela. Não bastava Foucault ter escrito que a função do hospital psiquiátrico era sobretudo excluir o doente para que o hospital deixasse de existir.

Anos depois, me debrucei sobre o tema a fim de mostrar como o psiquiatra sustenta a política de exclusão. Fiz isso através da análise do caso de um paciente originário de Madagascar, internado havia anos no Hôpital Saint-Anne, onde eu trabalhava. Incitada por Lacan, apresentei as conclusões do trabalho num congresso em Bordeaux. Ao voltar a Paris, fui despedida.

Passada uma semana, meu ex-chefe me enviou pelo correio o protocolo de outro paciente, como se eu ainda trabalhasse no Saint-Anne. O lapso dele me fez concluir que a minha análise sobre o discurso do psiquiatra estava certa, embora a maneira de apresentá-la tenha sido errada. Bati de frente e caí do cavalo. Por imaginar que uma jovem psiquiatra brasileira podia falar com a mesma liberdade de Michel Foucault no Collège de France. Por ignorar ainda que, no meio psi, como na maioria dos meios, a quantidade de submissão é frequentemente mais importante do que a qualidade da produção.

Sempre escutei os doentes internados com o maior interesse. Com o sentimento de que aprenderia algo novo. Porque os "loucos" desafiavam continuamente a minha lógica. Assim, por exemplo, o primeiro psicótico que eu atendi. Ele se dizia morto. Imaginando que o raciocínio dele fosse lógico, perguntei: "O que você diria se eu falasse que estou morta?" Resposta: "Diria que também estou." E os "loucos" também me surpreendiam agradavelmente. Como os de um hospital no qual eu era residente. Quando a residência foi fechada, fizeram um abaixo-assinado para eu permanecer. Guardo preciosamente o documento. Não é todo dia que há um abaixo-assinado assim.

Só comecei a escutar doentes internados a partir do quinto ano da Faculdade de Medicina, mas analisandos eu recebi desde o terceiro, aos 21, me autorizando a praticar antes de formada. Fiz isso porque já estava em análise com um didata da Sociedade Brasileira de Psicanálise. Anos depois, aprendi com Lacan que o meu procedimento foi correto, porque "o analista recebe de si mesmo a autorização". Isso vale para o analista e para o artista, que não tem mestre. Autoriza-se e vai em frente, insistindo na própria originalidade. Não faz o que os predecessores já fizeram.

Foi assim com você, que é cineasta, embora tenha primeiro cursado uma Escola de Comércio na França, obedecendo ao desejo do seu pai. Ele apoiou de várias maneiras a sua vocação artística, mas insistia numa "formação sólida". Uma formação que você não desejava. Felizmente, você foi capaz de satisfazer o desejo dele sem contrariar o seu. Seguiu pelo caminho do meio ou, em termos psicanalíticos, encontrou uma solução de compromisso.

Estudava só o necessário para passar de ano e via todos os filmes a que tinha direito. Se preparava para a carreira que efetivamente faria, ainda que não soubesse qual era. O seu inconsciente sabia por você. No último ano da faculdade, você apresentou um trabalho sobre a produção cinematográfica. Foi a segunda solução de compromisso. Gosto dessa história, porque ela mostra a subversão de que o desejo é capaz.

Concluída a Escola de Comércio, você foi para uma escola de cinema em Nova York e em seguida para a Índia, fazer um documentário. Quando acabou, estava sem rumo, e eu me permiti interferir na sua carreira. Por que não fazer o concurso para a melhor escola de cinema da França? A mais difícil, a Femis? Agi movida por um imperativo paterno. Meu pai me aconselhava a privilegiar a via mais difícil. "A porta mais estreita é sempre a melhor." Cursando uma escola dificílima e obtendo um diploma que vale ouro, você estaria inscrito numa rede de cinema. Seria mais fácil chegar à sua meta, o longa de ficção.

Participei do concurso a ponto de ficar à sua escuta em todas as etapas e analisar cada uma das propostas de roteiro que você enviou. Na véspera do último exame, o oral, telefonei de Salvador e disse: "Amanhã, só os que se esquecerem da mãe e se concentrarem no exame vão entrar..." Na hora do exame, fiz um pedido fervoroso a Iemanjá. Peguei uma rosa vermelha e fui ao mar. Pedi que ela te desse proteção e soltasse o verbo. Foi o dia do verbo livre. Você entrou.

Não escapo à crença, embora me diga ateia, como Ana, personagem minha. Afirma não acreditar em nada, porém se contradiz, esperando socorro da fé quando o amigo adoece. Por sorte, ao contrário do que aconteceu com a personagem, Iemanjá atendeu ao meu pedido. Ou talvez você tenha entrado na Femis simplesmente porque o meu desejo era o seu.

Foram tantas as vezes em que você e eu coincidimos! Bastaria isso para que você me desse sinal de vida. Se eu ao menos soubesse o motivo verdadeiro dessa crise! Só sei que você queria ficar em casa sem falar comigo e eu disse: "Se é para ficar assim calado, vai embora". Você se levantou do sofá e ficou me encarando, um olhar acusatório. Depois, fez menção de quebrar o meu computador, virou as costas e foi embora. Bateu a porta dizendo: "Vê se não me telefona e não me escreve".

Por que você não queria falar comigo? Acabava de chegar da França para trabalhar no Brasil... Sei que estava infeliz por ter deixado a namorada... Parecia até que me responsabilizava pela separação, como na infância: "Por que você me obriga, mãe? Por quê?".

Devia ter respeitado o seu silêncio. Por que exigi que falasse comigo quando não falar era a condição para você ficar em casa? Onde eu estava com a cabeça? Impossível ter sido mais inábil. Por sorte, você tem um grande amigo na cidade. Decerto foi para o apartamento dele.

II

Preciso da escrita mais do que nunca. Só assim eu posso suportar o silêncio, ou melhor, o seu silêncio. Escrever é escutar algo que eu não ouço e se materializa de letra em letra até as palavras surgirem na tela. Me conecto com o desconhecido e só depois, ao ler, sei o que aconteceu. A realidade deixa de existir, e eu não sei do tempo que passa. Meu único problema quando escrevo é encontrar as palavras certas. O relógio não existe.

Gosto tanto de escrever quanto de escutar pessoas. Ao voltar da França, em 1978, depois da formação com Lacan, fui ouvir os carnavalescos para descobrir um Brasil que eu desconhecia até então. Foi uma declaração de Joãozinho Trinta que despertou meu desejo: "Quem gosta de miséria é intelectual, o povo gosta de luxo". Como encontrar o homem que havia dito isso? Cheguei a ele graças a um jornalista amigo, e ao primeiro encontro se seguiram vários. Acabei escrevendo um livro, *Os bastidores do Carnaval*, e me prometendo outro sobre Joãozinho. Porque foi dele que ouvi a expressão "cultura do brincar", que me iluminou. O brincar é o equivalente brasileiro do *humour* inglês, do *droit* francês e do *honor* espanhol. Digo que é um recurso civilizatório, pois tende a pacificar.

Para fazer o livro, entrevistei os carnavalescos das escolas de samba do Rio. Queria entender o significado da festa e do luxo, que é sobretudo o da imaginação. Como diz Joãozinho Trinta, "o luxo do Carnaval não é o de quem tem muito dinheiro... as joias de uma escola de samba são falsas, mas muito mais verdadeiras, porque têm implicações mágicas. Vestida de nobre, a empregada doméstica faz parte da nobreza".

Descobri que a festa não é apenas o dia do esquecimento, "o dia em que o folião está só para brincar e não saber da realidade... em que ele está fora do planeta". Através dos enredos, a festa rememora a história do Oriente e do Ocidente e realiza a fantasia dos descobridores, exibindo reinos áureos e argênteos, pondo em cena a fauna e a flora da geografia fantástica do Paraíso. Ao mesmo tempo, reinventa o Brasil para si e para os outros.

O ato de escutar os carnavalescos foi inaugural. Na época, ninguém dava ouvido a eles. A elite intelectual fazia pouco do Carnaval, por considerar que servia para manter o *status quo*. Era uma posição autoritária, que desqualificava a cultura do povo. Portanto, o que acontecia nos barracões, onde se preparava o desfile, era ignorado. Um amigo francês temia que eu fosse assassinada num barracão. Só consegui tranquilizá-lo contando que fazia tudo na companhia de um chofer carioca enfronhadíssimo no meio do samba. Na verdade, nunca tive problema. Me vestia com simplicidade e não levava nada comigo além de dinheiro no bolso e um gravador, no qual ninguém tocava, pois todos desejavam que a cultura do samba fosse difundida.

O valor artístico do Carnaval não te escapou quando você foi ao desfile. Talvez porque você veja com olhos de estrangeiro. Ou melhor, de franco-brasileiro. Metade francês – azul, branco e vermelho – e metade brasileiro – azul, verde e amarelo –, como você dizia na infância, dividindo o rosto com a mão na vertical. Acaso queria agradar seu pai e sua mãe? Acho que queria se agradar, pois é um diplomata nato.
    Você era menino quando fomos juntos ao desfile. Como o chofer nos deixou longe da porta, tivemos que atravessar a pé o centro do Rio e você viu uma pobreza à qual não estava acostumado. Eu, que já não confundia pobreza com criminalidade, não tive medo, mas você considerou que estava correndo risco de vida e ficou zangado. Chegou a me injuriar. Só mereci o perdão quando o desfile começou. "Na França, só tem um Matisse, mãe. Aqui tem muitos."
    A sua reação foi a do seu pai anos antes, quando viu o desfile. Só podia gostar de uma festa que exalta a liberdade e simboliza a renovação do mundo. Me encorajou a entrevistar os carnavalescos e fazer *Os bastidores do Carnaval* em três línguas – português, inglês e francês. Mais que isso, traduziu o texto para o francês.

Para o seu pai, o Carnaval era importante, por ser uma manifestação da contracultura. Dizia inclusive que o Brasil é o único país que tem uma contracultura de massa. Para mim, sempre foi importante por causa da transfiguração que propicia. Não esqueço as fantasias de criança, particularmente a de Arlequim. Com a roupa de losanguinhos coloridos justapostos, fui o Imperador da Lua, que é hermafrodita e mestiço. Integrei brincando a *commedia dell'arte*.

Também você teve a sua fantasia de criança. Vesti o meu menino de sultão, como não podia deixar de ser, mas não era um sultão das Arábias, e sim do Brasil: túnica azul e turbante dourado com pluma verde, ou seja, as três cores da bandeira.

O Carnaval é a minha festa, porque não há nada que eu preze mais do que o riso. A literatura de que eu mais gosto é a que faz rir. Por isso escrevi *O Papagaio e o Doutor* com tanto prazer. No romance, todos são objeto do riso, a protagonista, os ancestrais dela e os psicanalistas. O livro me custou o silêncio de vários conhecidos e o desaparecimento de outros.

Não fosse o encontro com Joãozinho, eu não teria escrito a sátira. O encontro foi tão importante quanto o encontro com Lacan. Depois de te levar ao desfile, te levei ao barracão. Além de conhecer o carnavalesco, você veria os artífices anônimos do Carnaval fazendo as alegorias. Descobriria um Brasil cuja existência os meninos do seu meio social ignoravam, um Brasil que sabe fazer muito com pouco.

Quando fui ter com Joãozinho pela primeira vez, ainda não me dava conta da importância da festa e perguntei se não era um evento marginal. A pergunta me valeu a resposta que eu merecia: "Marginal é você". Isso acabou rapidamente com o preconceito e me obrigou a escutar.

Joãozinho era devoto do Carnaval, mas sobretudo da arte, que subverte as convenções. Como ele, você é um artista e, também por isso, escrevo sobre o meu carnavalesco preferido. Os desfiles dele sempre foram polêmicos, porque não queria mais saber da "história batida de Dom Pedro I, Dom Pedro II...". Assim, o enredo de 1974 foi *O rei de França na Ilha da Assombração*. Tratava da invasão francesa no Brasil, vista por Luís XIII, que imaginava, no Maranhão, salões de espelho e tribos de índios com cocares de renda, e não de penas. No mesmo enredo, Joãozinho introduziu a lenda de Inhá Jança, uma escrava que se casou com um comendador e se tornou mais cruel com os negros do que os feitores. No desfile, apareceu consumindo-se no fogo do inferno. A carnavalização da lenda mostra a faceta de justiceiro de Joãozinho.

Cada vez que sua escola atravessava a Avenida, o Brasil já não era o país do futuro, e sim o país justo da comunhão e da alegria. Isso ficou patente no desfile de 1989, *Ratos e urubus larguem a minha fantasia*, em que Joãozinho fez um enredo para exibir "o lixo da falta de amor, honestidade e respeito à vida".

Pôs na Comissão de Frente 14 mendigos e um abre-alas com um Cristo Redentor em andrajos. A Igreja acionou a Justiça, que proibiu a utilização da imagem. Me lembro da revolta do carnavalesco na concentração. Mandou que cobrissem a escultura com sacos de plástico preto e pusessem no carro a frase: MESMO PROIBIDO, OLHAI POR NÓS. O carro entrou empolgando a Avenida do começo ao fim do desfile.

Tive, naquele dia, uma emoção única. Completamente identificada com o carnavalesco, escrevi o seu monólogo imaginário. Escrevi que ele poderia ter dito *Eppure si muove*, como Galileu, "enfrentando com seus mendigos, ratos e urubus a moderna Inquisição, desfazendo de quem faz pouco do samba e da sua força extraordinária de transfiguração". Nunca me senti tão brasileira e lamentei que você não estivesse comigo. Acabei o texto e te passei por fax antes de enviar ao jornal.

Joãozinho sempre cultuou o que é nacional, porém era contrário ao nacionalismo. Me disse que "as pessoas não entendem que é impossível falar do Brasil sem falar do resto do mundo". Exemplificou assim: "Dom João VI só veio ao Rio porque Napoleão invadiu Portugal. Posso fazer um enredo sobre o rei português sem falar do imperador francês?" Nunca se quis perdido no continente do Brasil, cuja cultura projetava no mundo. Queria o máximo para o país e defendia com unhas e dentes a cultura popular.

Criticou Oscar Niemeyer por ter criado o espaço da apoteose no Sambódromo. "Não há *grandfinale* no desfile de uma escola de samba. Por causa da apoteose, a escola passou a impor uma coreografia aos componentes. Isso é contrário à cultura do samba. No desfile, a pessoa só não pode recuar. Precisa ter liberdade de ir para onde quiser, brincar."

A crítica a Niemeyer mostra como Joãozinho se posicionava na cultura brasileira. Sua independência custou caro quando ele se lançou no seu maior projeto humanitário, o Flor do Amanhã, destinado a tirar crianças da rua. Acreditava que podia "ganhar" os do "mundo do crime" graças ao que uma escola de samba oferece: compor, tocar, cantar, dançar, além de ensinar diversos ofícios.

Quando o Flor do Amanhã havia tirado duzentas crianças da rua, o barracão foi invadido por três mascarados que queriam matar Joãozinho. Foram enviados pelo tráfico para recuperar os "aviõezinhos", os transportadores de droga. Depois da invasão, o carnavalesco foi atacado pelas entidades que se ocupavam de crianças de rua e pelo juizado de menores.

Tendo contra si o tráfico, as entidades e o juizado, ele acabou sendo acusado de manter relações sexuais com os menores. A Igreja, obviamente, apoiou "os poderes malignos", vingando-se de quem havia ousado introduzir um Cristo na Avenida. A vida no Rio se tornou impossível, e o carnavalesco se exilou em Portugal.

Joãozinho foi um artista simultaneamente amado como ninguém e odiado pelos poderes que ele contestava. Nem mesmo a doença o impediu de lutar por suas ideias. Valeu-se da doença para exaltar ainda mais o Carnaval. Quando ficou paraplégico, em decorrência de um acidente vascular cerebral, entrou na Marquês de Sapucaí numa cadeira de rodas. Foi em 2006. Abriu o desfile da Vila, *Soy loco por ti America*, com outros paraplégicos, ensinando, com a sua pessoa, que a verdadeira beleza não pode excluir quem quer que seja, e o Carnaval é a grande festa da inclusão.

Me identifiquei com ele por representar o Brasil da cultura generosa do brincar. Para uma neta de imigrantes libaneses, a identificação com o país natal não foi fácil. Os meus ancestrais tanto reverenciavam a França quanto tinham um certo descaso pelo Brasil, cuja cultura eles consideravam incipiente. "O que são quatrocentos anos quando nós temos quatro mil?", dizia o avô, referindo-se à cultura do Mediterrâneo. Não tenho como me esquecer da palavra *brasilii* na boca da avó. Significava *brasileiro* em árabe e a conotação era sempre negativa.

Me identifiquei ainda com Joãozinho por ele ser um justiceiro. Sempre tive horror à injustiça de que os pobres são vítimas no país. Primeiro, soube dela na casa dos avós e da mãe. O espaço destinado aos empregados era mínimo, e, do frango, eles só comiam a asa ou os pés. Quando adoeciam ou se aposentavam, era uma desgraça. Uma das empregadas da avó, que morava num palacete, morreu de aborto no quarto do quintal. A principal cozinheira da mãe, Libânia, se aposentou e acabou a vida como lixeira. Soube disso quando, depois da sua morte, a filha, que foi violada pelo padrasto e se tornou amante dele, pediu ajuda em casa.

O desgosto causado pela injustiça me levou a escutar e divulgar as histórias trágicas, fazer crítica social na imprensa. Me dediquei a isso, durante anos, por atribuir à critica uma eficácia que ela não tem. Depois, me dei conta de que valeria mais a pena usar o espaço na imprensa para fazer um consultório sentimental e ensinar a importância da escuta. Sei dos limites desta, mas também sei do seu alcance.

Pena não poder te escutar nem ser escutada por você. Tão perto e tão longe! Há mais de uma semana que não espero o telefone tocar. Talvez por isso ele não toque.

Você valoriza a escuta tanto quanto eu. Talvez por isso tenha começado a carreira de cineasta entrevistando os membros de uma antiga comunidade judia que reside em Bombaim e está em via de desaparição. Quando viajou para fazer o documentário, eu não entendi nada. O projeto era de um amigo seu, que é judeu. A ida dele era compreensível, mas o que explicava a sua? Ia pela amizade? Ia entrevistar os *Bene Israel* porque também tem origens semitas? Ou porque o caminho da escuta já era o seu? Eu procurava uma resposta, como se os nossos atos pudessem ser reduzidos a um significado. Como se não houvesse sempre neles algo de enigmático.

O fato é que você foi com pouco dinheiro no bolso e o grande desejo de fazer com seu amigo um bom trabalho. Pouco depois, o e-mail começou a pipocar. Vocês apresentavam o projeto do filme com fotos comoventes da Índia e pediam a todos os conhecidos, judeus e não judeus, que secundassem a produção. Assim, da forma mais simpática, simultaneamente convenciam os patrocinadores e difundiam o filme. Quando ele foi apresentado em Paris, o cinema estava lotado. Não sei se fiquei mais feliz com o número de pessoas presentes ou com a qualidade do documentário.

Antes da apresentação, você escreveu um artigo sobre o documentário. Me dei conta da nossa comunhão de interesses. Eu focalizei a diáspora libanesa e você, a judia. Ambos, por outro lado, nos valemos da escuta. Me espelhei em você e me alegrei. Porque, queira ou não, o amor é narcísico. A gente gosta da semelhança.

Percebi ainda que os nossos papéis haviam se invertido. Na adolescência, era você quem lia os meus textos. Agora, quem lia você era eu. Fiquei feliz com a inversão, pois me senti reconhecida. Como diz

Lacan, "o desejo é sempre o desejo de reconhecimento". Esta frase não é fácil de entender, porém, quando entendida, vale muito.

Meu desejo de reconhecimento foi satisfeito pelo livro sobre o Carnaval, que foi bem acolhido e gerou uma encomenda surpreendente. Me pediram para escrever outro sobre o futebol. Depois de ter entrevistado os carnavalescos, fui escutar os homens cuja vocação é a bola, a nossa primeiríssima dama. Isso permitiu que eu me aprofundasse na cultura do brincar.

Uma das versões brasileiras da fábula de La Fontaine, *A cigarra e a formiga,* mostra o quanto nós valorizamos o brincar. No texto de La Fontaine, quando o inverno chega, a formiga nega comida à cigarra, porque, durante o verão, esta havia cantado, enquanto aquela trabalhava para encher as tulhas. "Cantava? Dance agora, vagabunda!" Na nossa versão, a formiga convida a cigarra a entrar e declara que foi uma felicidade tê-la como vizinha.

Por privilegiar o brincar, a cultura brasileira favorece a invenção. Daí a criatividade do nosso futebol, reconhecida pelos jogadores do mundo inteiro. Ademais, como nada é impossível para quem brinca, sempre tivemos jogadores capazes de fazer o impossível acontecer.

O livro que resultou do encontro com os jogadores é menos sobre o futebol do que sobre o nosso estilo, o gosto da improvisação e da ambivalência, evidentes, por exemplo, nos dribles de Garrincha – parecia ir para um lado e ia para o outro. A nossa cultura não é a do *sim* ou do *não*, ela é antes do *nem bem sim* e *nem bem não*. Fui educada nela e sempre estranho quando você me pede uma resposta do tipo branco ou preto. Me esqueço de que você se formou também na França, onde *sim* é *sim* e *não* é *não*.

Escutando os craques, aprendi muito sobre o Brasil e me curei do preconceito contra o futebol, o de uma esquerda para a qual o jogo era o ópio do povo e que incitava a torcer contra a Seleção durante a ditadura militar. Como se isso fosse possível! O recurso à escuta é o melhor dos recursos contra o preconceito. Infelizmente, somos educados para falar; para escutar, não.

Desde sempre, eu pertenço à escola brasileira do brincar. Na infância, sem a consciência disso. Depois, com convicção. Daí a frase PARA SER SÉRIO É PRECISO BRINCAR. Quero dizer com ela que a seriedade implica a recusa da crença numa verdade única. Só é sério, do meu ponto de vista, quem aceita a ambivalência. Isso implica o humor.

Na língua portuguesa, a palavra *brincar* tem vários sentidos: jogar, se divertir, dançar, transar. Todas essas ações solicitam a imaginação, que, desde criança, eu privilegio. Na infância, escrevia pequenas peças de teatro, produzia, dirigia e atuava nelas. Contava para tanto com os primos e os amigos.

O espaço do teatro era um cômodo na casa dos avós em Capivari. Ficava no andar de baixo e se abria para o salão, de onde os espectadores assistiam às peças. Para os figurinos, usávamos roupas antigas e folhas do jardim. Não é preciso dizer que a cor dominante era o verde. As lembranças que eu tenho não são claras. Só me vejo supervisionando a produção e abrindo a cena, o prólogo. Convidar para a apresentação também ficava por minha conta. Ia à casa dos parentes, que moravam em duas ruas perpendiculares, tão próximos uns dos outros quanto no Líbano – para eles, o país era a família. Além dos parentes, eu convidava os vizinhos, o que implicava circular pela cidade.

Nos anos 1950, nós, pequenos, gozávamos de inteira liberdade no Brasil. Podíamos ir e vir sem problema; a rua era segura. Sobretudo numa cidadezinha do interior. Nunca pude abrir mão dessa liberdade de ir e vir. Também por isso quis que você crescesse em Paris, onde nós andamos na rua sem medo.

Não há nada que eu preze mais do que a possibilidade de sair de casa à noite e andar pelas ruas semi-iluminadas do Marais. Rue des Archives, rue Pastourelle, direita na rue Vieille du Temple... O cais do Sena para olhar, como se fosse a primeira vez, as torres da Conciergerie, ouvindo ainda o seu pai dizer que, em Paris, é preciso estar sempre com os olhos voltados para o alto.

Foi há décadas, e, no entanto, ouço a recomendação a cada passeio, ouço, vendo sem enxergar o rosto de traços finos e o sorriso arrebatador. À nossa maneira, nós humanos somos todo-poderosos. Conseguimos ignorar a realidade e fazer o passado existir de novo, graças à onipotência do desejo, que nos serve magicamente o objeto da fantasia. O desejo pode ser comparado a uma vara de condão.

Preciso da errância, tanto no plano da realidade quanto no plano do imaginário. Por isso, concebi uma personagem, Lia, que imagina diferentes situações eróticas e se realiza assim. Faz pouco da obrigação do gozo e diz que só o prazer a interessa. Quer inclusive a liberdade de não gozar. Como o herói nacional, Macunaíma, que inventa continuamente artes novas de brincar e não se reconhece no dever do orgasmo. A ponto de parar, esquecido, no meio da transa.

Por causa da adesão à escola do brincar, tive mais de um problema com as instituições. Nunca fui capaz de seguir ou impor regras que não possam ser justificadas. Tenho o maior respeito pela autoridade fundada na competência, mas não suporto o autoritarismo e o dogmatismo. Isso resultou em algumas expulsões. Do colégio, onde me aliei aos alunos e professores que fundaram um grêmio. Da Sociedade Brasileira de Psicanálise, por contestar os critérios de admissão dos candidatos. Até um eletroencefalograma o candidato era obrigado a fazer, como se a epilepsia impedisse alguém de ser analista!

Sofri as consequências dos meus atos e, até aí, tudo bem. O problema foram as consequências da minha irreverência sobre a sua vida. Mais de uma vez, sem me dar conta, fiz pouco da escola na sua frente. Como resultado disso, na puberdade, você se autorizou a brincar em serviço.

Um dia, seu pai e eu fomos chamados no liceu pela professora de história. Disse que você procurava chamar a atenção sobre si o tempo todo e, com isso, tornava a vida dela impossível. Os seus colegas só prestavam atenção em você. O tom era de ódio. Depois de cinquenta minutos, eu me levantei, alegando que tinha outro compromisso, mas fui obrigada a sentar: "Quem diz quando acabou sou eu". Me sentei e olhei para você, que estava ameaçado de expulsão. O rosto vermelho como uma pimenta, o queixo escondido no eterno cachecol cinza e um olhar bandido. Não sei de quem eu tive mais raiva. Se foi dela, que se levava tão a sério, se foi de você, que agora dependia dela para continuar no colégio, ou se foi de mim, que não te eduquei para não cair na esparrela da indisciplina. O fato é que nós dois pagamos pelo meu erro.

Nem tudo a mãe pode dizer ao filho. O mais das vezes, erra por desejar que o filho a espelhe – por ser vítima do seu narcisismo. Para educar bem, é preciso se colocar na pele do outro e se perguntar quais valores devem ser transmitidos na situação em que o outro se encontra. No caso dos binacionais, isso é um imperativo. Para os franceses, talvez nada seja mais importante do que a escola, e é impossível educar um filho, que também é francês, sem valorizá-la. Por sorte, quem dialogava com a diretoria do colégio não era eu, mas seu pai, que, apesar de particularmente irreverente, nunca esqueceu que não se pode brincar com a escola na França.

Gosto de falar do tempo em que você estava comigo e, só por isso, a vida valia. Nada foi melhor do que me ocupar do meu menino, estar primeiro para o que ele precisasse, o seio, o banho, o sono... levar para a escola e depois trazer.

Quando você entrou na faculdade e foi para outra cidade, eu fiquei com a sua ausência e sem a espera cotidiana. Para te ver, precisava marcar encontro e era você que determinava a data e a hora em função das suas possibilidades. Mais de uma vez, me senti injustiçada. *Por que só ele tem este direito? Como é possível que eu seja tratada como um livro na estante?* Ou seja, *eu eu eu...*

O que me salvava era a escrita, o prazer que posso ter com ela. Para isso, me deixo levar pelo texto, aceito não saber para onde vou. Foi assim quando escrevi *Paris não acaba nunca*. Escrevi uma primeira frase – "Paris nunca é igual" – e percebi que devia focalizar a cidade de quem flana e se surpreende graças à errância. A partir daí, um capítulo me levou ao outro. Até, de repente, o fim.

O texto deslanchou com uma dúvida – como começar? – e acabou com uma certeza – a da beleza infinita de Paris, que faz pensar num caleidoscópio, muda com a estação, a hora e o ponto de vista. A cidade nunca é a mesma, surpreende sempre e, por essa razão, ela é uma festa.

Fiz o livro sem plano. Teria sido impossível escrever sobre uma cidade – para onde fui a fim de ser livre – me obrigando a fazer isto ou aquilo. Para cada capítulo, o seu pai, que a amava a ponto de considerar perdidos os momentos passados noutro lugar, me trazia uma pesquisa sobre o tema. Fez inúmeras sugestões. Por que não mencionar a placa comemorativa de Camille Claudel no capítulo sobre a memória dos artistas? Trata-se de uma placa com uma frase tirada de uma carta de amor para Rodin: "Há sempre algo de ausente que me atormenta". Sugeriu que, no capítulo sobre a gastronomia, eu mencionasse as fastuosas refeições servidas às prostitutas pelas donas de bordel – para aumentar o rendimento delas. Também propôs que eu incluísse um capítulo sobre o Père-Lachaise, onde os mártires da Resistência foram enterrados.

Para escrever, estive mais de uma vez nesse cemitério, onde vi o mausoléu de Heloísa e Abelardo.

Sendo cônego, ele seduziu Heloísa e foi emasculado. Os jacentes estão num mesmo mausoléu de mármore branco onde se lê: "O amor, que uniu seus espíritos durante a vida e se conservou durante a separação pelas cartas mais ternas e espirituais, uniu os seus corpos neste túmulo". O mausoléu me fez pensar tanto na inseparabilidade dos verdadeiros amantes quanto na violência da repressão sexual que vigorava na Europa. Anos depois, me inspirou em Lisboa um pequeno poema sobre os que largaram do Tejo para descobrir o Brasil.

necessário partir para que Lisboa se tornasse a cidade do ipê-roxo
e em toda parte estivesse o lilás, a cor do sexo das mulheres
para que o sexo fosse inocentado
e já nenhum homem corresse o risco de ter a sina de Abelardo – sofrer como ele a emasculação

Antes de escrever o livro sobre Paris com facilidade, passei vários anos debruçada sobre *O Papagaio e o Doutor*. Na esperança de sofrer menos no romance seguinte, fui fazer um curso em Iowa, nos Estados Unidos. Uma das práticas de ensino consistia em apresentar a intriga do próprio romance e ouvir a apresentação dos colegas. A prática me deu a ideia de entrevistar escritores na França para a imprensa brasileira.

Entre as entrevistas que me marcaram, está a de Octavio Paz. Graças ao seu pai, eu havia lido *O labirinto da solidão* e, quando Paz publicou, em 1993, *A dupla chama*, um texto sobre o amor, quis entrevistá-lo para o jornal. Por ele ser quem era e por eu já ter me debruçado sobre o tema para escrever um livro.

Procuro o assessor de imprensa da Gallimard, que me nega a entrevista. Nega, mas informa que Paz está no Hotel Lutétia e só fica dois dias em Paris. Conto para o seu pai. "Por que você não liga diretamente para o Lutétia?" Era do tipo que não desiste e ensinava a driblar a dificuldade.

Paz atende e eu ouso pedir uma entrevista em nome do jornal. Diante da resistência, prometo chegar em meia hora e não me delongar. Ele aceita. Chamo um táxi, ponho o casaco e em menos de meia hora estou na recepção. "Octavio Paz, por favor" "Quem?" O recepcionista não sabe de quem se trata e se ele está ou não hospedado no hotel. Foi uma primeira ducha de água fria. Como era possível que a presença de um Prêmio Nobel de Literatura fosse ignorada? Os tempos são do *best seller*, mas quem ama a literatura ainda hoje ficaria indignado.

A barba por fazer e a fisionomia cansada, o escritor desce logo. Quer dar a entrevista de pé, na própria recepção. "Por que não sentamos no saguão? Não vai demorar." Paz assente, mas quando ligo o gravador ele procura me dissuadir. "Não precisa. Você é uma escritora, tome nota." Sem desligar o aparelho, passo a escrever e a entrevista dura uma hora e meia.

As idas e vindas das pessoas não molestam Paz, e, quando não compreendo o espanhol, ele fala em francês. Contente com o trabalho, me convida para tomar um café no bar do hotel, onde falamos da relação entre o surrealismo e a *beat generation*, que derivou de uma proposta de Breton: a escrita automática.

O tema da entrevista foi *A dupla chama*, que Paz escreveu aos 80 anos – com um "desespero alegre" por estar no fim da vida. Perguntei o que o levou a escolher o tema. Respondeu que o amor foi uma das suas grandes obsessões, um dos eixos em torno dos quais girou a sua vida – pessoal e intelectual –, e que ele precisava explicar o amor para si mesmo antes de morrer.

Pedi que me falasse da relação entre a escrita e o amor, e ele comparou os dois, dizendo que nascemos tão condenados a escrever sobre um tema quanto a amar uma pessoa. O amante não sabe por que o amado o arrebata. Isso explica a ideia de *condenação*. Me lembro do dia em que vi seu pai. Sem saber a razão, eu sabia que estava destinada a ele, e nós não nos separamos mais.

A dupla chama se tornou uma referência importante do meu consultório sentimental, pois o autor diz que o amor é uma aposta na liberdade e eu quis passar essa ideia. Embora o século XX só tenha valorizado os lados negros do amor, falei dele na imprensa como um bem. Fiz isso também com você, sempre que possível.

Refleti sobre o amor-paixão porém não sobre o amor materno. Só agora, por causa do seu afastamento, a reflexão se impõe. Percebo que não apostei o suficiente na sua liberdade. Todo e qualquer verdadeiro amor implica essa aposta. Não me dei conta do meu erro, imaginando que bastava apostar na sua carreira. Errei por apego excessivo a você.

A maternidade primeiro requer a presença quase contínua da mãe. Depois, a ausência. Duas atitudes opostas! A mesma mãe, que esteve disponível e presente o tempo todo, deve renunciar ao convívio e aceitar que o filho viva para si. Noutras palavras, ela não se dedica menos do que o necessário quando o filho é pequeno, não poupa esforços e não cobra quando ele é adulto. Aceita e bendiz a falta que ele faz, dizendo-se talvez que "tudo vale a pena se a alma não é pequena". Trata-se de uma relação desigual, que não pode ser confundida com uma relação de amizade, pois não há nada de obrigatório na amizade.

Por ter feito as entrevistas com os escritores, o jornal me encomendou dez entrevistas sobre o século. Quis recuar, achando que não tinha competência para tanto. Mas seu pai era profundo conhecedor de História e me convenceu a aceitar o trabalho, alegando que eu poderia facilmente encontrar os entrevistados e já me propondo os grandes temas: a cidade, a guerra, o desterro, a vida, as mulheres, o sexo, a língua, a arte e a comunicação. A frase de Montesquieu "minha alma a tudo se entrega" poderia ser aplicada a ele. Tinha comigo a mesma generosidade que o caracterizava na relação com os amigos. Para todos ele dispunha de tempo. Sabia que *o amigo ganha perdendo tempo com o amigo*. Me inspirou esta frase e um trabalho para difundir a ética da amizade. Não teria feito o trabalho se não tivesse vivido com ele, na França, onde o discurso sobre a amizade é fundamental. Quem melhor do que Montaigne para falar dela? Sabia que os amigos se procuram antes mesmo de terem se encontrado, estão destinados um ao outro. Daí a resposta de Montaigne quando lhe perguntaram por que gostava tanto de La Boétie: "Porque era ele e porque era eu".

Da entrevista sobre a guerra no século XX, eu não me esqueço. Me fez entender o pessimismo de Freud. O seu pai decerto propôs o tema por causa das origens alsacianas. A família foi duramente castigada pela rivalidade franco-alemã. Durante a Primeira Guerra, um dos primos morreu no norte da Alemanha. Durante a Segunda, o avô materno foi convocado pelo exército alemão, desertou e foi preso pelos franceses, que o tomaram por espião. E seu pai só escapou por não estar no colégio quando este foi invadido pelos nazistas. Um colégio interno onde os alunos eram submetidos à palmatória e ele inclusive passou fome. Por essa razão, a ameaça tão comum de mandar o filho para o internato nunca foi proferida em casa.

A ameaça é o pior dos recursos. "Ou você se comporta direito ou..." Ninguém pode mudar ouvindo este *ou... ou*, que só faz exacerbar a oposição.

Por ter vivido a guerra na pele, seu pai se dedicava aos estudos geoestratégicos e conhecia o general Gallois, que foi piloto de bombardeiro durante a Segunda Guerra Mundial, além de conselheiro do general De Gaulle. Sugeriu que eu entrevistasse Gallois e insistiu na ideia. A perspectiva de fazer a entrevista não me agradava. Além de saber pouco sobre o assunto, vivi durante anos numa ditadura militar. No meu imaginário, general era sinônimo de ditador. Porém, acabei acatando a sugestão e passei um bom tempo me preparando para o encontro.

Fui ter com Gallois e me surpreendi vendo um homem elegante e particularmente afável, que me recebeu no salão da sua residência e perguntou se eu queria tomar algo antes de começar o trabalho. Falou dos tipos de guerra e do apaziguamento possível das nações pela democracia liberal. Entendi que a guerra pode ser inevitável ouvindo-o dizer: "bombardeava os alemães e, a cada vez, despejava quatro toneladas sobre eles. O resultado eram trezentos ou quatrocentos mortos, mas eu fazia isso porque os alemães estavam na França". A explicação lançou luz sobre o que Freud diz em *Desilusão, guerra e paz*, ou seja, que devemos nos adaptar à guerra, aceitá-la, pois basta pensar na importância atribuída ao mandamento "Não matarás" para deduzir que somos produto de uma série infinita de gerações de assassinos, temos a paixão do crime no sangue.

Aprendi muito com a maioria das entrevistas, porém, o que explica que eu tenha feito tantas? A escuta permite encontrar o outro da melhor forma possível. Ou seja, deixando que o seu desejo se manifeste e ele tanto possa me surpreender quanto se surpreender. Mas essa resposta não dá conta do meu prazer nessa atividade, que eu só explico voltando à hora tão esperada de ouvir a história contada pelo avô. Acho que também realizei tantas entrevistas para fazer do entrevistado um contador e reinventar o rito da infância.

Agora, entrevistar também é escrever. De onde me veio o gosto da escrita, que data de muito cedo? Da mãe? Talvez. Durante anos, sustentou o noivado com cartas e também suportou a viuvez lendo e relendo a correspondência. Depois, aos 92, por causa da sua dificuldade para ler, reproduzi o texto com letras maiores. Sem o prazer da leitura das cartas, a vida dela teria se tornado impossível. Hoje, já não consegue ler. Me comovi vendo você testar com ela uma versão no computador. "Lê aqui, vó. Deu certo. Agora, aqui. Lê." Apontando a tela com o dedo, ela renascia ao proferir a palavra.

Sou muito identificada com sua avó. Para ela, os empecilhos não existem, e, graças a isso, vou em frente quando quero alguma coisa. Até os 60, eu até achava que tudo era possível, e não media as dificuldades. Só depois, por não ter a mesma resistência física, passei a querer o possível e me senti mais livre.

Mamãe foi injustiçada pelo pai, que legou a parte do leão para os filhos homens. O resultado foi uma verdadeira batalha, e, talvez por isso, eu seja cética em relação à instituição familiar. Mamãe reagiu energicamente, e a mãe dela não ousou ser injusta. Os dois avós maternos eram cristãos, e eu nunca entendi por que a lei corânica foi aplicada na herança.

O fato é que eu, como a mãe, não suporto injustiça. Sempre tive algo do Quixote. A protagonista de *O Papagaio e o Doutor* é um Quixote de saias. Acerta contas com os ancestrais por causa da discriminação das mulheres. Também eu me opus a esta discriminação, sustentando o direito à liberdade sexual. Isso escandalizou minha mãe, que exigiu do marido uma punição severa para a filha. Me lembro ainda do chicote pendurado na entrada de casa. A tendência do pai era fechar os olhos, porém, não era possível, pois ela não podia abrir mão da minha virgindade. Precisava que eu fosse "pura" como as noivas do seu tempo. O resultado foi eu fazer o que bem entendia, e ponto. Contestava os valores na prática e não batia de frente. Para quê? Estava afinada com as ideias de Maio de 68, que eram as do meu grupo, e isso me bastava.

Mamãe é convencional, porém independente. Tem ideias próprias e não desiste delas em função dos outros. Pouco importa o que possam dizer. Cair em contradição para ela não é problema. Assim, quando eu vivia num triângulo, apesar do seu convencionalismo, me aconselhou a não me separar do amante, e chegou a recebê-lo em casa. Porque eu estava apaixonada.

Apesar da minha identificação com ela, somos muito diferentes. Mamãe é uma mulher de negócios e eu, não. Começou a vida de empresária secundando o marido médico, ocupando-se da publicidade de uma clínica de olhos popular. "São Paulo tem quantas farmácias?" Contratou um chofer e foi distribuir panfletos em mais de mil.

Imaginava, quando eu estava na Faculdade de Medicina, que eu assumiria a clínica de olhos. Porém, diante da impossibilidade de me convencer a ser oftalmologista, sustentou o meu desejo de ser analista, profissão particularmente estranha para ela.

Por sorte, ousei recusar o projeto dos meus pais, e eles aceitaram pagar a formação de analista, que começou aos 18 anos, quando entrei na faculdade, e acabou aos 33, idade com a qual voltei da França, certa de que não sairia mais do Brasil. Resistir à pressão da família, dizer *não* ao desejo dos ancestrais é tão importante quanto dizer *sim* a eles. O custo do *não* pode ser alto, porém, nada custa mais do que renunciar ao próprio desejo.

Foram 15 anos de formação, e eu depois não parei de me formar através da escuta dos analisandos e dos outros todos que entrevistei. Num certo sentido, sou como o lama tibetano que encontrei na China, no mosteiro de Labrang. Perguntei ao lama, que era médico, quantos anos ele estudou para se formar, e ouvi: 34. Estranhei o número, e ele explicou que nunca parou de estudar as ervas e as pedras usadas para o tratamento dos doentes. Me lembro que parecia particularmente jovem. Decerto porque vivia para saber mais, ou seja, para se renovar.

Escutar é uma arte. Implica a contenção e a prontidão. Saber se calar e saber falar na hora certa. Me exercitei nisso de várias maneiras, mas nem sempre soube te escutar. Por não haver entre mãe e filho o distanciamento que permite escutar com sabedoria?

O pior foi ter provocado a sua saída num momento em que você se sentia só e estava inseguro. Acabava de chegar numa cidade onde só havia morado na infância e ia começar um trabalho novo. Por que não suportei o seu silêncio? Parecia encobrir uma verdade que você não podia me revelar e, por não conceber isso, concluí que você estava fora da realidade. Mais de uma vez, o fato de ser analista me cegou em vez de me iluminar.

Verdade que você tardou a separar a realidade do imaginário. Com 5 anos, se fechou no quarto e fez um exército de cavaleiros para atacar um castelo de brinquedo. Ato contínuo, acendeu as tochas dos cavaleiros. Seu pai e eu sentimos cheiro de coisa queimada e subimos correndo. Ao entrarmos, você tentava abafar o fogo com uma toalha.

A importância do imaginário para você foi tamanha que, na adolescência, conseguiu transformar o nosso apartamento num cinema. Nunca fui convidada para assistir a um só filme e um dia percebi que a maconha rolava solta. Não cheguei a ficar apreensiva. Nenhum de vocês – eu conhecia todos – se tornaria vítima da droga. Para dizer a verdade, só lamentei não participar da festa.

Você preza a amizade tanto quanto seu pai, que escolheu um dos amigos dele para ser seu padrinho. Gostei da escolha, porque o seu padrinho francês é cosmopolita e poeta. Sempre desejei que, além de cidadão do mundo, você fosse artista. Cidadão do mundo, para ser avesso à xenofobia, que é, infelizmente, o sentimento mais partilhado. Artista, porque a arte propicia uma experiência subjetiva através da qual podemos nos renovar sempre. Aconteça o que acontecer. Graças ao seu imaginário, o artista cria outra realidade e, com isso, se surpreende e se contenta. O objeto de arte é uma Fonte de Juventa, antes e depois de realizado. Antes, porque o processo de criação suspende o tempo. Depois, por questionar o artista e induzir a criar mais e ainda.

Foi com a arte que sua tia se salvou. Teve um câncer que a obrigou a tirar os dois seios. A operação durou dez horas. Eu estava na China e telefonava de hora em hora para me informar sobre o andamento da cirurgia. Havia insistido na mastectomia total, porque não queria que ela corresse risco de recidiva. Me permiti inclusive falar com a analista dela para evitar a resistência contra a operação. Esta se passou normalmente, e a convalescença também. Mas, um ano depois, ela teve que tirar o útero e o ovário.

Quando foi para o hospital de novo, eu não podia comigo. Não sabíamos qual era a natureza dos pólipos que sangravam. Fiquei com ela no quarto até que fosse para o Centro Cirúrgico. Não me esqueço da serenidade e da beleza da sua tia na cama e depois na maca. Os cabelos soltos e os pés descobertos, porque era um dia de verão. Fechava os olhos e respirava, armazenando energia para enfrentar mais uma cirurgia. Senti uma pena demolidora. A caçula, dez anos mais jovem do que eu, tendo que passar por aquilo. A cabeça doía tanto que voltei para casa antes do fim da operação. Quando me telefonaram avisando que o resultado havia sido bom, caí num sono profundo e fui para outro planeta, onde não existe doença nem médico nem hospital.

A caçula esperou cinco anos para se certificar de que não teria metástase. A cada ano que passava, ela me dizia: "Um a menos". Nesse período inteiro, nunca se desesperou. Foi assim porque conseguia se abstrair da doença através da arte e da meditação. Tomava regularmente os remédios, fazia os exames que o médico prescrevia e voltava para suas esculturas, suas pedras. Olhava a luz do quartzo e não deixava a tristeza se apoderar dela.

Descobri como é importante se abstrair quando tive um câncer na tireoide. O risco de metástase era quase inexistente, mas fiquei apavorada ao saber o diagnóstico. Como se a palavra *câncer* ainda designasse a doença misteriosa que ninguém trata, uma condenação à morte. Foi a *causa mortis* da avó paterna, do meu pai e do seu pai. Só me controlei recorrendo a uma analista e escrevendo uma sátira.

Aprendi que a gente não se cura lutando contra a doença, mas abrindo mão do corpo que supunha ter e aceitando o corpo que de fato tem, tornando-se um aliado deste. Aceitar significa não negar o câncer e não exagerar o poder dele, ou seja, não se entregar de modo algum à fantasia, cujos efeitos podem ser nefastos. Concluí que, para resistir, é preciso se ocupar de si em vez de se preocupar com a doença, superar assim a ansiedade.

Depois da operação e da radioterapia, eu continuava ansiosa. Por sugestão do seu padrinho brasileiro, comecei a praticar *tai chi* na academia que ele frequenta há anos e onde se tornou um mestre.

Pela resignação que exigia, a prática me deixou ainda pior. Era preciso que eu aceitasse praticar, simplesmente imitando os outros. Ou seja, que eu aprendesse fazendo. Sem pedir explicação, por se tratar de uma "cultura do corpo". Ora, imitar, durante uma hora, fazendo gestos contrários aos nossos hábitos, implica uma humildade que ninguém tem naturalmente. Precisa ser adquirida, e o primeiro passo é este. Quem dá o passo, aprende todo dia uma coisa nova.

Aprendi primeiro a não me precipitar, a fim de não gastar energia à toa, deixar que o adversário gaste a dele. Não que eu tenha adversários, mas, queira ou não, como todos, eu me deparo com a adversidade. O *tai chi* ensina a lidar com ela, dando tempo ao tempo. Aprendi, por outro lado, a respeitar meus limites, porque, sempre que a gente exagera, a dor se manifesta.

Gosto desta "arte de não morrer", que desperta a consciência do corpo, uma consciência que a cura analítica não dá. Decifrar a razão de um sintoma não é aprender a usar o corpo. Os meus anos todos de divã não me prepararam para o *tai chi*, e é possível mesmo que o fato de privilegiar a fala atrapalhe. Por sorte, o padrinho sempre me deu força.

Inclusive na hora do parto, que foi em São Paulo, e o seu pai não pôde assistir. Estava na França quando o obstetra marcou a cesariana para a manhã seguinte. Durante a operação, o padrinho me contava o que eu queria ouvir. "Despontou, a cabeça está saindo, é de bom tamanho, não vai faltar neurônio... Um menino." Graças à ráqui, eu não sentia nada, mas estava assustada, e a presença dele foi uma bênção. Permitiu que eu te acolhesse assim que a enfermeira pôs a tua cabeça no meu ombro. O rosto crispado e a pele manchada pelo sangue da placenta, você era ainda um pedaço de mim. E, para todo o sempre, o sangue do meu sangue. Eu, que já te amava no meu ventre, te amei mais ainda e te dei o primeiro beijo, aquele que significa *você é meu filho e eu, sua mãe*.

A maternidade começa com um ato de reconhecimento, que determina o futuro da mãe e do filho. O amor implícito nesse ato é incondicional, e o espelhamento tende a ser ininterrupto. Por isso, o pai precisa entrar em cena, lembrar que não há só dois, e sim três. Que o terceiro também quer ser amado. Quando o terceiro entra, a relação do filho com o mundo se estabelece. O pai abre portas e janelas.

Seu pai primeiro entrou na nossa vida com rosas vermelhas e um *enfim, três* no bilhete do buquê. Está guardado com os outros que eu recebi. O mais impressionante foi o que ele me deixou num pedaço de jornal uma hora antes de ser hospitalizado para tirar o pulmão: "A literatura é a prova de que a vida não basta". Eram as melhores palavras que podia ter me dado naquele momento, pois nós temíamos o pior. Sou grata a ele por ter me dito que eu não devia parar de escrever.

Não foi fácil sermos *enfim* três. Conheci seu pai em 1974, e você só nasceu em 1982, embora nós dois desejássemos um filho. Sete anos se passaram antes que eu concebesse, e isso só aconteceu depois do casamento. Deduzo que foi decisivo ter assinado o papel. Passei a pertencer a uma família francesa, com uma relação igualitária entre os sexos, e pude me imaginar no papel de mãe.

Tenho certeza de que não era infértil antes de casar, porque, na onda da "revolução sexual", já havia engravidado e feito um aborto. Como várias jovens da Faculdade de Filosofia Ciências e Letras – foco paulista da oposição à ditadura militar –, onde eu passava a maior parte do tempo, apesar de ser aluna da Faculdade de Medicina.

Antes do casamento, eu não estava pronta para a concepção. Não suportava a autonomia do meu corpo nem a ideia de aparecer grávida. A gravidez acabaria com a minha ambiguidade sexual, e eu não me identificava inteiramente com o meu sexo biológico. Por ser filha de uma mulher injustiçada pelo pai e ainda por ser a primogênita de uma família de origem árabe. Ou seja, por ocupar um lugar destinado ao sexo masculino. Mesmo que eu não soubesse, engravidar significava perder o privilégio imaginário de ser homem.

Nunca deixei de cultivar os atributos do meu sexo, porém, não me sentia concernida pela luta feminista e não aderi à militância. Apoiava por ser libertária, e ponto. Sem ter corpo de homem, eu tinha imaginariamente os direitos. Isso mostra que a fantasia importa tanto quanto o sexo biológico, e a identificação a este é redutora.

O fato é que eu não participei da revolução sexual como mulher, e sim como homem. Isso explica, por um lado, a facilidade com que eu trocava de parceiro e, por outro, o meu encontro com seu pai, para quem a fidelidade não era um imperativo.

Mas as razões pelas quais nós nos entregávamos ao sexo com facilidade não eram as mesmas, e isso acabou nos afastando. Como a maioria dos libertinos, seu pai fazia pouco do discurso amoroso, do qual eu sou devota. Claro que ele me amava, porém não podia dizer isso nem para si mesmo. Só podia viver o amor clandestinamente. Talvez por isso tenhamos nos casado em Paris, onde, além das duas testemunhas, não havia mais ninguém.

Nunca fui feminista militante. Só me identifiquei com o movimento na luta pelo aborto. Me manifestei numa resposta a Gabeira, um dos ídolos da minha geração. Gabeira se engajou na luta armada contra a ditadura e participou do sequestro do embaixador americano para obrigar o regime a libertar prisioneiros políticos.

Em 1994, escreveu no jornal que, devido à sua formação marxista, não havia percebido até então a importância do controle da natalidade. Isso quando o poder de decidir se queremos ou não um filho é a decisão mais importante da vida. Na resposta, eu falava do horror da concepção por acidente, da infelicidade de ver a barriga crescer a contragosto e dar à luz uma criança indesejada. Lamentava a distância entre os homens e as mulheres que haviam vestido a camisa da luta contra a ditadura.

Do meu ponto de vista, o que explicava a distância era menos a cartilha marxista do que o machismo, que não concebe a cumplicidade entre homem e mulher e desautoriza o desejo feminino. Para todo *macho que é macho*, há um só desejo, e o sexo degrada a mulher. Esse foi um dos temas do meu pequeno livro sobre o amor, que deu origem a uma grande polêmica. A primeira matéria que saiu na imprensa sobre ele era a expressão do ódio provocado pela minha crítica ao machismo. No centro da página, uma foto de quatro colunas da autora diante de um livro atravessado por um punhal. No alto, à direita, um homem abrindo a braguilha.

Apesar da revolução sexual dos anos 1960, no Brasil, o diálogo entre homens e mulheres estava por acontecer. Eu, que já tinha vivido um bom tempo na França, onde há um diálogo fecundo entre os sexos, me sentia como peixe fora d'água.

Não sou capaz de avaliar o quanto isso mudou, mas o fato é que as brasileiras ainda não têm o direito legal ao aborto. Continuamos a ignorar as consequências dramáticas da gravidez indesejada – para a mãe, para o filho e para o país. Sou particularmente sensível a isso, por ter atendido mulheres que entravam sangrando no pronto-socorro em consequência de um aborto provocado nas piores condições. Às vezes, com agulhas de tricotar. Corriam o risco de morrer de septicemia e eram curetadas sem anestesia "para não reincidir no erro", ou melhor, para que o interno de plantão – em geral um homem – exercesse o seu sadismo. Isso foi nos anos 1960. Quase meio século depois, respondi, no consultório sentimental, a consulentes para as quais o aborto seria a solução e, no entanto, são obrigadas a pôr no mundo um provável futuro delinquente. Obrigadas pela lei de um país onde há milhares de crianças errando pelas ruas, expostas à droga e à criminalidade.

 Nós perpetuamos uma tradição perversa datada do Descobrimento: "Engravidou? Deixa nascer. Nasceu? O que tenho eu a ver com isso?" Nem mesmo *vem* o português dizia para a índia. Pulava em cima. O português em questão é o ancestral das crianças de rua... as que disputam as esquinas de São Paulo para vender chicletes ou balas. São os filhos que ninguém quis, os filhos do gozo. Isso, obviamente, só muda se a lei mudar. Mas quando? Dilma Rousseff não teria se elegido à Presidência sem dar a garantia de não interferir nessa lei. Somos o segundo país de tamanho continental a ter uma mulher no cargo supremo. Mas, para chegar a ele, a presidente foi levada a se comprometer com as forças que se opõem ao direito feminino de abortar.

 Foi também por causa do machismo que eu me casei com um francês, seu pai. A beleza dele era como um raio, me siderou. Uma delicadeza tal de traços que o rosto era feito para ser olhado e, pela intensidade, o olhar capturava quem olhasse.

 Tinha uma gloriosa cabeleira prateada, fios de seda para as mãos. No dia em que o conheci, ele me disse: "*Je suis un vieux jeune homme*"... um jovem velho. Pela aparência, era jovem, pelo conhecimento, não. Sua formação era a dos homens da Renascença. Tanto pela leitura quanto pela experiência de vida. Antes de se estabelecer em Paris, errou pelo mundo, sobrevivendo com a troca de moedas. Comprava a preço baixo e vendia na alta. Precisava do risco e, depois das moedas, foram as ações. Não sei por que o risco o atraía, mas só isso explica que ele tenha sido diretor de um cassino na Côte d'Azur. Imagino seu pai de *smoking*, um uísque na mão esquerda e um cigarro na direita, circulando entre as mesas ou atento ao jogo, olhando os que corriam o risco de se arruinar para existir.

Conheci-o num dos bailes do 14 de Julho – o da Île Saint-Louis. Enxerguei sua aura e fui me aproximando. Não podia perdê-lo de vista. Parei na frente dele e fiquei ali, esperando. "Será que ele me tira para dançar?" Tirou, já dizendo: "Proibido proibir". Era a palavra de ordem de Maio de 68, e ela me convinha. Girei vendo o Hôtel de Ville, a Notre-Dame, o Panthéon no alto da Montagne Sainte-Geneviève; comemorando, sem saber, a vida que ia começar em Paris, a cidade que não acaba nunca, onde ninguém pode andar olhando para o chão, porque a beleza está sempre presente. A dança me abria a porta do infinito.

Fomos jantar. Você é quem? Brasileira? Atravessou o oceano para trabalhar com Lacan? Talvez seja uma mística, ele me disse, farejando a experiência que eu tenho quando escrevo, uma experiência semelhante à do místico, pois a palavra se materializa na tela precedendo quase sempre a reflexão.

Entre mim e seu pai, além da atração, havia uma afinidade profunda. Sem saber, eu também era uma surrealista. Sempre achei que a aventura mora na esquina, como diz Breton, e é preciso errar para viver. Aquele 14 de Julho datou o encontro de dois nômades e o início de uma longa história franco-brasileira.

A formação na cultura francesa começou no primeiro jantar. Pedimos trutas, e, como eu não sabia abrir, ele abriu as duas, explicando como isso devia ser feito. Na sobremesa, escolhi uma torta de maçã, e ele comentou: "Dois mil anos de civilização para chegar a esta torta". Bem verdade. A massa mais leve, a maçã em lamelas e um mínimo de açúcar.

Atravessamos Paris até o apartamento onde ele morava. Rolamos. Saí enquanto ele dormia, mas deixei o número do telefone. Saí flanando, com a aura do 14 de Julho. Não podia imaginar que o futuro daquele encontro seria uma história de trinta anos e eu, um dia, seria a viúva, atravessando a França para acompanhar o féretro. Se fôssemos capazes de imaginar o futuro, não viveríamos. Ficou a fotografia de um belo alsaciano de terno escuro e gravata listrada em cima da mesa onde escrevo. Por sorte, Ella Fitzgerald canta e a voz me acalenta: *"I won't dance. Why should I? Merci beaucoup"*.

Seu pai também foi o meu. Isso significa que, num certo sentido, você e eu somos irmãos. A confusão de papéis existe em todas as famílias. Simplesmente porque o desejo é onipotente e não leva em conta a realidade. Por isso, o Quixote é tão lido. Todos nós nos reconhecemos nesse personagem criado por Cervantes para arrebatar gregos e troianos. O desvario do cavaleiro andante é o nosso.

Talvez por eu ser sua irmã, além de mãe, você me trate como se eu tivesse a sua idade. O tratamento me obriga a me cuidar. Um dia, me vendo de maiô, você disse que eu ia me tornar uma ruína se não fizesse esporte. Chocante, mas a partir daí eu não parei de fazer exercício.

Tenho a sorte de ter um filho franco e de ter tido um marido que não deixava por menos. Exigia que eu soubesse o francês. Se eu cometesse um erro, primeiro me corrigia. Só depois atentava para o significado da fala. Amava a sua língua e não concebia que eu a ignorasse. Em contrapartida, aprendeu o português e se aprofundou nos estudos brasileiros. Não porque eu exigisse, mas por ter abraçado comigo o meu país. Gostava do que me era caro. O amor é sinônimo de comunhão.

Paris também é uma cidade literária por causa da relação dos parisienses com o idioma. Exigem do estrangeiro que ele fale certo e, para tanto, se dispõem a ensinar. Assim, eu um dia perguntei, na

Galeries Lafayette, onde ficava a marca *Kiriel*, e a vendedora primeiro corrigiu, *Rykiel*, para só depois indicar o lugar procurado. Nós, brasileiros, não corrigimos o erro e podemos nos irritar com a conduta dos franceses. Mas ela é preferível, pois favorece uma integração verdadeira.

Seu pai me ensinava a língua e a cidade, ora contando histórias sobre Paris, que não existiam em guia nenhum, ora evocando textos de escritores. Montaigne – que diz só ser francês por Paris; ou Victor Hugo – cujo romance mais lido se passa em diferentes lugares da cidade; ou Hemingway – que era uma referência fundamental, por causa de *Paris é uma festa*.

Também aprendi a flanar com seu pai. Em São Paulo, ninguém saía para passear a pé. Eu só sabia da rua, na infância, para brincar com os vizinhos e, nos anos de faculdade, para me manifestar contra a ditadura militar. Fora isso, ia de uma para outra casa de automóvel. A rua era só um lugar de passagem, o que é normal, tendo em vista o descaso dos paulistas pelo espaço público. O barulho hoje é tamanho e as calçadas tão esburacadas que o passeio é inconcebível.

Seu pai era um verdadeiro parisiense. Não vivia sem o bistrô, sem o buquinista e sem a rua. Daí a sua simpatia pelo *clochard*, que não se confunde com o sem-teto. O *clochard* prefere dormir na saída do metrô ou sob uma ponte, quer estar na cidade de dia e de noite. Já o sem-teto não tem escolha. Certa ocasião, me surpreendi encontrando, na entrada do prédio onde seu pai morava, um velho em frangalhos, que dormia segurando uma garrafa. Estava particularmente frio e seu pai deixou a porta aberta para o velho entrar. Não me assustei, porque também eu vejo o *clochard* com simpatia. Pela ilusão de liberdade absoluta que ele me dá, como os mendigos que dormem nas calçadas de São Paulo e, às vezes, têm uma expressão angelical. Allen Ginsberg os retratou em *Uivo*: "santos os mendigos desconhecidos sofredores e fodidos/ santos os horrendos anjos humanos".

O fato de ter encontrado seu pai, meu verdadeiro professor de francês, facilitou a formação com Lacan, que primeiro resistiu à ideia de fazer a análise de uma brasileira por causa da língua. Até sugeriu que eu consultasse uma analista portuguesa radicada em Paris. Decerto por ignorar as diferenças entre o português falado em Portugal e no Brasil, fato que me inspirou uma passagem engraçada do romance *O Papagaio e o Doutor*: "A analista recomendada me visse comendo um sanduíche diria que eu ingeria um *prego*, e eu, ignorando ser o tal prego sinônimo de sanduíche, me perguntaria por que a mulher me considerava masoquista... Podíamos nos entender? E ela não considerar que eu deturpava a sua língua?"

Lacan só me aceitou como analisanda por eu ter dito que precisava de três meses para falar devidamente o francês e por ter acrescentado que, se a análise não fosse com ele, eu voltaria para o Brasil. Percebeu que a questão da língua era um problema, mas também que a condição *sine qua non* da análise era ele e me aceitou – para que eu não deixasse de me analisar.

Queria Lacan por ter sido expulsa da Sociedade Brasileira de Psicanálise. Estava identificada com ele, que também havia sido expulso da Sociedade Francesa de Psicanálise, ou melhor, "excomungado". Para fazer parte da Internacional, a Sociedade Francesa de Psicanálise se comprometeu a tirar de Lacan o título de analista didata e impedir que ensinasse. Isso porque ele questionava o tempo de duração da sessão, imposto pela Internacional. Do seu ponto de vista, o tempo devia ser função do que era dito, e não do relógio. Daí a sessão curta.

Pela insistência em tê-lo como analista, paguei um preço alto: viver num país em cuja língua eu podia me comunicar, mas não escrever. Valeu por um lado, por ter aprendido a valorizar as palavras e escutar verdadeiramente. Sei hoje que, seja qual for a história do outro, podemos nos reconhecer nela, porque a escuta humaniza e permite superar a intolerância.

Por outro lado, não fosse a análise, eu talvez não tivesse te concebido. Nem todas as mulheres nascem para a maternidade, e, no meu caso, ser mãe foi uma conquista. Lacan faz parte da nossa história.

A análise com Lacan aconteceu em três tempos. Fui ter com o mestre em Paris no ano de 1972. Levava uma carta de um grupo de analistas brasileiros que desejava convidar um discípulo dele para ensinar. Lacan estranhou o fato, e se perguntou por que eu ia ter com ele quando podia enviar a carta pelo correio. Intuiu que eu não estava ali pelo discípulo.

Cheguei com o companheiro de então, me apresentei como representante do grupo, expliquei o que queríamos e entreguei a carta. O Doutor pegou o envelope, pôs em cima da mesa e passou a nos fazer perguntas. Quem éramos, quais as nossas origens, a profissão... "Brasileiros descendentes de imigrantes? Psiquiatras os dois? Hum, hum..."

Tratou-nos como possíveis pacientes, considerando que a missiva era um pretexto para encontrá-lo. Mas não disse isso, claro. Pediu que eu formalizasse o convite, especificando, por escrito, as condições do curso. Ou seja, exigiu o texto para me fazer voltar.

No dia seguinte, fui novamente acompanhada. Dessa vez Lacan me fez entrar no consultório sozinha com um arrebatador "Venha, minha cara". Pegou o texto, disse que ia pensar na resposta aos brasileiros e marcou um terceiro encontro. Sabia que o decisivo ainda estava por ser dito e me deu assim a oportunidade de manifestar o desejo de me analisar.

Alegando que precisava terminar uma tese em curso, me comprometi a voltar dali a dois anos para ficar quatro meses. Estrategicamente, adiei o começo e limitei o tempo na França. Queria e não queria a análise, como todo analisando.

    Lacan, que era particularmente maneiro, topou as minhas condições. Só faltou dizer: "A sua hora será a minha". Sabia não reforçar a resistência e, mais que isso, fazer o analisando insensivelmente enveredar pelo caminho da cura, um caminho no qual é preciso ter paciência e pagar com a própria pessoa. O essencial eu teria aprendido nesses três primeiros encontros se, para aprender o essencial, nós não precisássemos de tempo.

    Passados dois anos, envio uma carta a Lacan e ele marca a data da primeira sessão. Ao chegar na França, telefono. O homem me atende de maneira particularmente estranha: "Chegou? E daí?"

    Como era possível que eu tivesse atravessado o Atlântico e ele só dissesse *E daí?* Não fosse a minha transferência, é possível que não tivesse suportado. Mas a transferência era completa e eu disse: "Daí que eu quero fazer análise". Ele ouviu, marcou hora para o dia seguinte e desligou sem mais. Fiquei pendurada no telefone, porém, na hora marcada, me apresentei no 5 rue de Lille.

    Precisei de muitos anos para entender o estranho procedimento. Lacan sabia da intensidade do meu desejo e queria que este se manifestasse claramente. Com o *E daí?* me obrigou a dizer *quero*. Desligando, me fez escutar o que eu havia dito. Era suficiente para começar o trabalho.

Nesse segundo tempo, que eu supunha ser o único, eu ia às sessões como uma jovem analista brasileira. Ia como quem estava ali para aprimorar a técnica. Me expunha o menos possível ao risco da palavra e não fui para o divã, onde a associação é livre e não há como controlar a fala. Fiquei só no face a face, sentada. Lacan soube evidentemente esperar o momento em que o divã se impôs.

A contrapartida do meu comportamento foi ser tratada de *brasileirinha*, tratamento que agradava os franceses – por causa do gosto pelo exotismo – e me desagradava profundamente. Lacan um dia inclusive me perguntou se eu tinha sangue índio. Por que eu o presenteei com um pente dos índios brasileiros? Talvez. O fato é que o presente foi para uma vitrine quando o consultório se transformou em museu, e, anos depois, eu me surpreendi vendo o pente como símbolo dos meus primeiros passos ali.

No segundo tempo da análise, que durou os quatro meses combinados, falei mais de uma vez da falta que o Brasil me fazia. Lacan deu grande importância ao fato e comentou: "Foi uma grande largada... como se você fosse descobrir a América". Falou teatralmente e suspendeu a sessão.

Ele se valia da teatralidade como recurso analítico. Na verdade, o *setting analítico* é um teatro, e o analista, um ator que finge não ser. Um ator, pois aceita ser quem o analisando imagina que ele é, o pai, a mãe, o irmão... No seu silêncio, sem se transfigurar, encarna a pessoa imaginada, deixando o analisando se tornar o autor da própria epopeia.

Anos depois daquela sessão, ao escrever *O Papagaio e o Doutor*, me dei conta da pertinência do comentário de Lacan, pois foi necessário ir à França para descobrir a que ponto sou identificada com o Brasil. O meu corpo é formatado pela cultura do samba e a minha liberdade não é igual à da francesa, que, apesar da revolução sexual, gosta da posição da dama – Isolda cortejada por Tristão –, enquanto eu sempre me permiti tomar a iniciativa.

De saída, a análise me fez ver que eu não estava na França só para me formar como analista, porém, ainda, por ser o país com o qual os meus ancestrais sonhavam. Vi que a frase de Lacan "O desejo é o desejo do Outro" me dizia respeito e o ato de "largar" do Brasil não era inteiramente livre, pois eu havia sido objeto do desejo dos meus. O pai, inclusive, sonhava viver seis meses no Brasil e seis meses na França.

Naqueles quatro meses dourados, sentia saudade de casa, mas Paris me arrebatava continuamente. Tantos autores por ler, a cidade que eu não acabaria nunca de visitar e onde me formava sem parar, descobrindo a Idade Média, a Renascença e o Classicismo, me deixando maravilhar pelo gótico e aprendendo a distinguir os estilos – como se fosse decisivo saber isso para viver. Passeava ao longo do Sena, mesmo quando chovia, para ver os monumentos de perto e de longe e imaginar como podia ter sido a vida naquele espaço. Para quem vinha de uma cidade onde o passado não importa, Paris era uma descoberta cotidiana. Não é por acaso que *Paris é uma festa* foi escrito por um americano. Por ser estrangeiro, Hemingway se surpreendia constantemente na cidade, e a grande festa é a surpresa. Daí a apologia que fazemos da infância, a época em que mais nos surpreendemos.

No país, a Europa me faltaria, a França dos grandes anos 1970, com o seminário de Lacan no Panthéon e o de Foucault no Collège de France. Era um privilégio ser analisanda do mestre e assistir às aulas do filósofo cujo livro – *História da loucura* – havia sido decisivo na minha juventude. Ciente da minha admiração, Foucault um dia me convidou para um jantar preparado por ele em homenagem a amigos brasileiros. Depois de um delicioso *petit salé*, expôs suas novas ideias sobre a relação entre o hospício e a prisão.

Além de fazer análise e assistir aos seminários, eu estudava, mas não a ponto de esquecer Paris. Só ia aos lugares a pé, apesar do frio e do salto alto. Ia com um casaquinho de pele que talvez fosse verde para compensar as árvores sem folhas. Descobria a cidade e os seus escaninhos, suas cores, sua luz. Além de uma história que me seduzia, Paris me propiciava um encontro nunca imaginado comigo mesma.

Da última sessão desse período, eu não me esqueço por causa de um trocadilho feito por Lacan. Como nós, brasileiros, os franceses gostam do jogo de palavras, recurso importante na sua tradição humorística e muito utilizado pela publicidade e pelo jornal. Lacan fez do trocadilho um recurso analítico, do qual se valia enfatizando a importância da palavra.

Tratando-se da última sessão, entrei no consultório decidida a fazer um balanço do ocorrido. Disse que não sabia exatamente qual a razão da ida à França nem da volta ao Brasil. Me perguntei de que me serviria o renome dele e contei um sonho em que lhe pedia para ler o nome de uma rua. Lacan brincou com a palavra *balanço*, que em francês é *bilan*, e com *Milan* e *Lacan*. Me fez escutar as rimas, e depois concluiu: "Nome, renome... a senhora talvez faça do meu renome um nome". Acredito que tenha expressado assim o voto de que eu me tornasse uma analista lacaniana.

Concluiu e se levantou, cortando a sessão, me deixando com a questão do nome, decisiva para uma neta de imigrantes cujo sobrenome foi trocado na alfândega. Era *Milen*, ficou sendo *Milan*. Que importância tinha trocar o sobrenome de um indivíduo oriundo de uma terra desconhecida e que, além de não falar a língua do Brasil, falava uma língua estranha de sons guturais? Lacan sabia que o descendente de um zé-ninguém está fadado a fazer o nome. Baseou-se nesse conhecimento para a sua interpretação.

Embora seu pai não fosse descendente de imigrantes, não sei até que ponto a história dele é diferente da minha. Talvez glorificasse a França porque, mais de uma vez, os ancestrais dele, como os meus, correram o risco de perder o chão onde nasceram. A Alsácia é uma terra fronteiriça e sempre esteve sob a ameaça de ser invadida. Perder o país natal é perder o nome, que deixa de existir no lugar onde ele tem uma história e repercute.

Seu pai escrevia bem, mas não gostava de escrever. Sua vocação verdadeira era falar. Um grande intelectual e um ator nato. Arrebatava qualquer um e, de qualquer presença, ele fazia uma audiência. Nunca chegava sem ter o que contar e não contava sem surpreender. Acredito que só tenha pensado em ser escritor para satisfazer a algum mandato inconsciente e, por isso, tenha tido com a pluma uma relação problemática. Nesse particular, você é como eu, tem uma relação fácil.

No meio dos dois, você sofria. Sem saber que, para o seu pai, a escrita era impossível, eu pedia que me traduzisse. Um dia, o texto traduzido virou picadinho de papel. Desesperado, você se agachou, catou os pedacinhos um a um e colou para que o trabalho continuasse. Salvou o livro por vir. Você era bem pequeno, e a literatura já contava para você. Para mim, ela contou desde que eu decorei, no ginásio, o primeiro canto dos *Lusíadas*. "As armas e os barões assinalados/ Que da ocidental praia lusitana/ Por mares nunca dantes navegados/ Passaram ainda além da Taprobana/ Em perigos e guerras esforçados/ Mais do que prometia a força humana/ E entre gente remota edificaram/ Novo reino, que tanto sublimaram..." Decorei a fim de conseguir o dez prometido pelo professor e descobri Camões. Bom exemplo do que frequentemente acontece na vida. Você atira no que viu e acerta no que não viu.

No dia seguinte ao da sessão do *bilan, Milan, Lacan*, tomei o avião para o Brasil, imaginando que não voltaria mais para a França. Ao chegar, no entanto, logo me dei conta de que a vida em São Paulo não era mais possível. O homem com quem eu vivia estava com outra. Meu mundo caiu e eu errava, perdida, para cima e para baixo, num país governado por uma ditadura, sem garantias constitucionais, e onde a maioria dos meus amigos – quase todos militantes políticos – já não estava.

Sem ter sido militante, participava das manifestações estudantis contra o governo e dirigia uma revista cultural de esquerda, *aParte*. Tive inclusive que responder a um processo por causa da revista, cujos membros estavam engajados na luta contra a ditadura. Em outubro de 1968, fui presa no congresso da União Nacional dos Estudantes, com outros mil jovens. Fomos cercados por mais de duzentos policiais, fortemente armados, dando tiros para o alto. Marchamos em fila indiana até os caminhões da polícia e seguimos num comboio até o presídio, no centro de São Paulo. Eu era peixe pequeno e fiquei só uma noite.

Em dezembro de 1968, quando entrou em vigor o Ato Institucional nº 5, que deu ao regime plenos poderes, fui procurada no consultório, onde felizmente não estava. Me escondi na casa de um conhecido e, pouco depois, saí da cidade a fim de fazer a residência de psiquiatria. Não fui mais importunada. Tive sorte de escapar. Vários amigos foram torturados e um deles morreu. Segundo consta, com mordidas de serpente e cuteladas.

Era neste país da ditadura que eu errava na rua até de madrugada, contrariando a moral vigente. Certa noite, me vi às voltas com a polícia de costumes e só não fui presa por ser médica. A irmã do meio, que tem os pés no chão, decidiu que eu voltaria para a França. Deixei que ela decidisse. Antes de embarcar, no entanto, quis posar para um amigo que insistia nisso. Fez o retrato de que eu mais gosto, que tem a particularidade de me surpreender continuamente.

Me torno mais parecida com o retrato à medida que o tempo passa.

Nesse meio-tempo, levei um tombo e luxei o cóccix, mas não adiei a ida. Mamãe deve ter intuído que eu nunca mais voltaria definitivamente e se desesperou. Foi comigo até o aeroporto aos prantos. Chorou as perdas da vida inteira, porém não se opôs ao embarque. Viajei de pé no avião, pois não conseguia sentar e, na escala da Libéria, tive o ímpeto de descer em vez de ir para a França, onde eu precisaria me esforçar para existir.

O bom senso venceu, e eu não desci. Depois, fiquei um bom tempo no subterrâneo de Paris, indo e vindo de uma para outra estação de metrô, na companhia silenciosa dos que transitavam para chegar ao seu destino, os que eram dali, e não como eu, de lugar nenhum, imaginariamente apátrida. Até que um dia criei coragem e fui ter de novo com Lacan.

O terceiro tempo, no 5 rue de Lille, começou com um desafio. Contei rapidamente o ocorrido no Brasil e acrescentei que só me restou voltar para a França. A resposta de Lacan foi peremptória: "Não posso responder pelo que você faz". Ou seja, só quem responde por você é você mesma. Nada tenho a ver com os seus atos.

Um procedimento que deu resultado, porque, consciente ou inconscientemente, ele agiu como meu pai faria, reforçando a transferência. Não se condoendo, me curou da depressão. Em dois tempos, me livrei da fantasia de me matar para fazer análise e viver.

Um dia, percebendo que eu sempre usava um olho de vidro como pendente, me perguntou se era um fetiche. Sim, um fetiche para evitar o mau-olhado. Com a pergunta dele, eu me dei conta da minha crença na magia. Resolvi me aprofundar na questão e apresentar um projeto de ensino sobre o fetichismo ao Departamento de Psicanálise da Universidade de Vincennes, dirigido pelo próprio Lacan. O projeto foi selecionado, e eu me tornei assistente.

Paralelamente ao trabalho na universidade, fiz uma pesquisa sobre a umbanda, religião originária do Rio de Janeiro, que se disseminou por todo o Brasil e eu só conhecia por ouvir falar. Dessa época data *Diabolavida*, que narra uma experiência no Rio. Fui para encontrar "a única mãe de santo capaz de materializar o feitiço", mostrar o trabalho feito contra a pessoa e anular seus efeitos. Vi a dita materialização, mas descobri o truque do qual a mãe de santo, a Vovó Conga de Angola, se valia para enganar o consulente.

Chego no terreiro e ninguém me atende. Toco uma, duas, três vezes antes de ouvir "Entra, dona". Subo por um corredor escuro até um espaço de terra batida, cachorros e gatos pretos sugerindo ritos de magia negra. Vou para um barraco, onde fico horas ouvindo falar das curas da mãe de santo, um discurso que faz dela figura tão enigmática quanto sábia e respeitada.

Ao me receber, a Vovó me entrega uma cuia, dizendo: "Limpa". A limpeza mal começada, ela acrescenta: "Esfrega", insinuando que o resultado depende do meu empenho. Me entrega uma garrafa de vinho e um saca-rolhas. Abro a garrafa e ela indica a cuia. "Despeja o vinho e põe a mão em cima." Ponho, e ela se vale de um crucifixo para traçar uma cruz sobre a mão. Ato contínuo, me dá uma vela e manda acender no santo que está na extremidade da sala. "Vai. Acende no São Lázaro." Isso implica ficar de costas para ela. Não posso contrariá-la, mas também não quero perdê-la de vista, pois estou ali para desmistificar a crença. Acendo a vela numa outra que está perto do meu pé. Quando ouço "Aí, não", eu já havia flagrado o truque de tirar o objeto da saia e introduzir sorrateiramente na cuia. Tratava-se do feitiço, um bonequinho de borracha todo retorcido, que ela apontava gritando: "Horrível, horrível. Grande sorte você estar viva".

A experiência, que durou várias horas, me fez descobrir os diferentes recursos usados para produzir a crença na magia. O título do texto, escrito depois em Paris, é um neologismo. *Diabolo* se associa à figura diabólica da Vovó Conga e à bebida que eu tomava enquanto escrevia, *diabolo-menthe*, um drinque gelado para suportar a canícula. *Diabolavida* foi publicado em francês, com um subtítulo indicativo da estranheza provocada pelo tema: *Du Brésil*. Foi tão importante ver o texto publicado na França quanto ter visto o meu primeiro artigo no jornal, aos 18 anos. Nos dois casos, custei a acreditar que fosse verdade.

Por um lado, em Paris, eu era uma analista em formação, dedicada à análise, ao estudo e à pesquisa. Por outro, uma brasileira que descobria a sua feminilidade através do que a cidade oferecia.

No primário e no ginásio, havia usado uniforme. No científico, só me preocupava com o sucesso no vestibular e um mesmo vestido vermelho me bastava – um vestido que, segundo os colegas, merecia ir para o museu. Durante a faculdade, a preocupação com a roupa também não existia, era uma "preocupação burguesa", que uma jovem de esquerda não podia ter.

Paris reverteu a situação. Não era mais possível ignorar a moda. Só que esta não era feita para uma mulher de origem mediterrânea, cuja maneira de andar é a da brasileira, e eu tive que aprender a negociar com a moda francesa. Não pude prescindir do espelho até descobrir como devia me vestir sem abrir mão da ginga. Ou seja, sem deixar de ser eu.

Há duas maneiras de se olhar no espelho. Para ver o que ele não mostra, narcisicamente, ou para ver o que ele mostra, criticamente. A primeira maneira é a da rainha da Branca de Neve, que se olha e pergunta: "Espelho mágico, espelho meu, há no mundo mulher mais bonita do que eu?" Não pergunta para descobrir o que quer que seja, mas por estar certa de que é a mais bonita. A segunda maneira é a de quem se olha para descobrir o que não sabe, e era assim que eu procedia.

Desde que descobri o espelho, passei a usá-lo para escrever ficção. Me permite estudar a roupa, as expressões e os gestos da personagem. Valho-me de uma roupa que tenho no armário, um chapéu, um vestido e, como o ator, encarno a personagem. O chapéu de veludo negro, o vermelho de aba larga ou o de miçangas? E o vestido? Tanto pode ser o drapeado quanto o longo... A transfiguração me dá prazer e ajuda a conceber o texto.

Em geral, vejo o que o espelho mostra. Na única vez em que não foi assim, paguei caro. Não vi o quão deformada a tireoide estava, embora houvesse nela um nódulo de mais de 3 centímetros. Não vi e, sendo médica, não levei em conta que o resultado da biópsia nem sempre é fiável, e o nódulo podia ser maligno, como de fato era.

Só fui operada porque o médico exigiu. É possível que eu não tenha enxergado a deformação por estar identificada com uma bisavó paterna que viveu quase cem anos, apesar de um bócio considerável. Descobri essa identificação escrevendo uma peça e fazendo algumas sessões de análise quando saí do hospital.

Entre os que me deram força, está a editora de quase todos os meus livros. Ao receber o diagnóstico, pedi que desmarcasse o próximo lançamento, alegando a doença. Ela não quis atender ao pedido. Manteve o lançamento na data marcada, impedindo que eu dramatizasse indevidamente o resultado da operação. Sou grata a ela também por isso, e nunca me esquecerei do vaso de flores, na entrada de casa, quando cheguei da radioterapia. O *flower power* é eterno, porque, sendo uma aposta no contentamento, a flor incita a esquecer a tristeza.

Corri risco de vida por não enxergar o que o espelho mostrava. Neguei insistentemente a realidade, apesar dos tantos anos de análise. Isso acaso tem a ver com o fato de ter feito a maior parte da análise em francês? Não é a língua em que sonho e não me expresso nela como em português. Sofri com isso durante todo o trabalho com Lacan. Vivia em falta de palavras e expressões.

Foi o problema com a língua que um dia me fez passar do face a face para o divã. Queria falar da minha infância, da mulata que me criou, da sorte tirada com os búzios, da Pombagira, que ela exaltava por "beber em sete botecos e ter sete maridos". Mas como falar disso quando não sabia dizer *búzio* em francês, nem Pombagira nem Exu, e, para ele, nenhum desses termos era significativo?

Lacan só entendia o que eu falava na sua língua. Tudo o que me concernia e eu não conseguia expressar em francês não podia existir ali. O meu mundo se limitava ao que era traduzível, e, para existir mais e melhor, eu devia traduzir mais e ainda. Portanto, era obrigada a aprender continuamente o francês, a ser uma estudante para ser uma analisanda. Nessa posição, me relacionava de forma nova com as palavras da língua portuguesa, que eu redescobria. Insensivelmente, a escritora ia se formando enquanto a análise acontecia.

A sessão em que fui para o divã é inesquecível. Chego no consultório e me deito, recusando o face a face. Já não queria olhar para ele nem ser olhada. Choro e depois digo que só estou na França pela análise. Me vendo tão desolada, Lacan diz: "Você não foi para o divã, conquistou o divã. Agora, ele é seu". Com essa dramatização, valorizou a passagem do face a face para a posição deitada, me incitando a ir em frente. A partir daí, a associação livre se intensificou, e eu fiquei mais exposta ao inconsciente.

O primeiro efeito do divã foi uma alucinação. Vi ratos onde não havia, na entrada do prédio onde morava. Fui para a análise e contei o fato, insistindo na palavra *alucinação* para me posicionar como psiquiatra e me escudar contra a loucura.

Lacan quis saber qual o objeto da alucinação e perguntou: "O que foi que você viu?" Falei dos ratos pretos, enormes, e ele me fez repetir mais de uma vez a palavra *rato*. Na terceira vez, ao dizer *rat*, escutei *ra*, a primeira sílaba do nome do meu pai, Rachid, ou seja, o nome que eu não dizia na infância para não revelar minhas origens árabes. Com a escuta do *ra* e a associação com o nome do pai, passei a falar deste na análise e não tive mais nenhuma alucinação.

Lacan me garantiu que o susto não ia se repetir. Sabia que a simbolização muda a vida, e, no meu caso, mudou, porque aceitei as minhas origens. Deixei de ser objeto da xenofobia e saí da posição masoquista.

O descendente de imigrante sofre pela relação ambígua que o imigrante tem com o novo país. Por um lado, quer conquistá-lo e o valoriza. Por outro, o desvaloriza, por não ser o país de origem. A bisavó paterna, que emigrou do Líbano para o Brasil em busca do filho e viveu até mais de cem anos em Capivari, desaparecia e era encontrada na estação de trem, dizendo que ia embora para o Líbano. Por viver enrolada num lençol branco da cabeça aos pés, sua presença era a de um vulto, além de ser uma eterna presença ausente – o corpo no Brasil e a cabeça no Líbano.

A avó paterna era mais integrada do que a bisavó, porém nunca se referia aos brasileiros sem fazer um muxoxo que os condenava. Não se dava conta de estar fazendo pouco dos filhos e netos. Em suma, tanto os ancestrais quanto os conterrâneos eram xenófobos. Para os ancestrais, sendo nativa do Brasil, eu só podia ser libanesa. Para os conterrâneos, sendo brasileira, era uma turca.

Me vi novamente às voltas com a xenofobia quando você era pequeno. Devia ter uns 8 anos. Fui te buscar, na saída da escola, e você me disse: "Não fala português, mãe". Não podia diferir dos colegas. Me senti mal, mas entendi o pedido. Você já sabia que precisava ser igual a eles para ser amado, e era isso que você queria. Sabia que nós tendemos a só amar o semelhante, ou seja, a ser narcísicos.

Abrir mão de me espelhar em você foi um desafio, pois é o filho que propicia a experiência narcísica mais forte, e nós gostamos dessa experiência a ponto de fazer pouco da vida. O que o mito grego ensina é isso. Apaixonado pela sua imagem refletida na água de uma fonte, Narciso não para de se olhar. De tão absorto pela contemplação, esquece de tudo, inclusive de comer e beber. Por esquecer assim da vida, ele morre.

Como passar do primeiro amor narcísico a um outro, que aceita a diferença? Sei que é através da escuta. Só ela permite entender a razão pela qual o outro difere, e, entendendo, a gente pode se identificar com ele. Esta identificação, que não é a do espelhamento, é fundamental para uma relação se sustentar no tempo.

Você e eu nos entendemos perfeitamente até os seus 11 anos e nos desentendemos, pela primeira vez, em Amsterdã. A tarde estava tão quente que não era possível andar de barco. Mas você queria fazer o passeio e bateu o pé. Uma teimosia tamanha que nós quase voltamos para Paris. Não procurei entender a conduta e não percebi que você havia entrado na puberdade. Podia ter percebido se desejasse – pela sua nova maneira de se enrolar na toalha e pelo cuidado extremo para não deixar a toalha cair.

Como nem seu pai nem eu estávamos preparados para nos separar de você, sua adolescência foi um tormento. Cada um de nós era tão apegado ao filho quanto a si mesmo. Tomara que você não seja o pai de um filho único. O *Mahabharata* diz bem que o pai de um filho único é digno de piedade. Porque está fadado ao apego.

Antes de ter que me curar do apego a você, foi preciso te engendrar, e não foi fácil. A concepção se impôs quando seu pai expressou o desejo de ter um filho. Ouvi e estranhei. No dia seguinte, me ocorreu que eu não me lembrava da canção de ninar da mãe e não saberia o que cantar para a criança. Disse exatamente isso a Lacan, que respondeu: "Para o filho, você inventa uma canção nova". Falou e suspendeu a sessão.

Achei a resposta bonita, porém saí sem entender. Por que o corte tão abrupto? O que Lacan queria que eu percebesse? Só na rua, depois da sessão, entendi que não é preciso fazer o que a mãe fez. Agora, escrevendo para você, entendo que a mãe não deve se servir de nenhuma outra como modelo. Cada filho sendo único, a mãe terá que ser única também. Isso significa que ela só aprende a ser mãe, sendo – aprende com o filho.

Não sei se minha mãe cantava para mim em árabe ou não. Sei que me chamava de *iahabibe*; por isso, me ocorreu que, para a canção de ninar, eu reinventaria a língua do *iahabibe* na língua do *ão*. Acho que fiz isso, deixando minha voz ir para onde quisesse, oferecendo a você os sons que ela aleatoriamente produzia. Ainda me lembro do seu quarto na penumbra e de mim ao lado do berço.

A concepção, no meu caso, foi difícil pela impossibilidade de me identificar com as mulheres da família. O reconhecimento delas dependia de ser a mãe de um filho homem. Uma situação que, além de irracional, é humilhante e insuportável para uma ocidental. Fiz a sátira dessa situação em *O Papagaio e o Doutor*. A tia beata da heroína promete atravessar a cidade de joelhos para ter um varão e, passada a quarentena, fazer jejum de uma semana por ter alcançado o menino. Novenas e mais novenas para dar à luz o reizinho. Sapatinhos de lã e outros de crochê... azul-céu, azul-marinho e azul-rei para receber o príncipe das Arábias.

E a concepção ainda foi difícil pela impossibilidade de me identificar com o sexo feminino. Significava perder os privilégios da primogenitura, a autoridade que esta me conferia. Inconscientemente, eu desejava ser homem. Isso significava que a gravidez era uma aberração, e não dar o meu nome ao filho, outra. O meu drama é típico da primogênita de uma família árabe tradicional, seja esta cristã ou muçulmana.

Depois da sessão de análise em que falei da canção de ninar, a falta do português se intensificou, e eu comecei a traduzir *O Seminário I* de Lacan. Quando propus a tradução, ele simplesmente me disse que fosse em frente, considerando que o problema era meu.

A tarefa foi difícil, pois, querendo ser fiel ao mestre, eu insistia numa identidade impossível entre as línguas. Ademais, o texto dele nem sempre era inteligível, e eu queria que fosse. Tentava verter sem mudar, escrever o francês em português... Cometia e corrigia galicismos, indo e voltando sem parar. Até concluir que só podia ser fiel à língua materna.

Foi difícil também porque o texto original dos seminários é a transcrição de uma fala, e eu precisava traduzir, como se Lacan estivesse falando para um público brasileiro. Isso, por um lado, me obrigava a aprender a diferença entre a língua escrita e a língua oral e, por outro, me obrigava a estilizar a oralidade. Foi um grande aprendizado, do qual você indiretamente se beneficiou, pois procurei transmitir o que aprendi, chamando sua atenção sempre que você cometia um galicismo no Brasil ou um lusofonismo na França.

Hoje, quando releio a tradução, vejo que ela tem as qualidades e os defeitos de um trabalho pioneiro. O *Seminário I* foi o primeiro a ser traduzido, para o português, graças à colaboração de um carioca de gênio. Fundei com ele, durante o terceiro tempo da análise, o Colégio Freudiano do Rio de Janeiro. Foi em 1975, num café do Boulevard Saint-Michel. Queríamos difundir a psicanálise lacaniana no Brasil. Dez anos depois, a associação reuniu mil pessoas no Copacabana Palace para um congresso.

O autor de *Casa-grande & senzala* foi nosso convidado especial. Com mais de 80 anos, Gilberto Freyre se deslocou do Recife para o Rio. Me lembro do lapso interessantíssimo que ele cometeu. Falava de Isabel, a empregada negra por quem foi criado. Referindo-se à comida feita por ela, disse que Isabel o converteu *à província brasileira* em vez de dizer *à cozinha brasileira*. Para bom entendedor, foi ela que o fez amar o Brasil. Talvez por isso, Freyre tenha concluído sua intervenção dizendo que o pai lhe ensinou o latim, a mãe, o francês, e Isabel foi quem mais lhe ensinou. Pudera, ela contava histórias de reis e rainhas aos quais se juntavam personagens saídos do alto de uma jaqueira ou de uma pitangueira, histórias brasileiras de miscigenação.

Como Gilberto Freyre, tanto eu quanto você fomos introduzidos na "província brasileira" pela empregada, que não contava as histórias de Isabel, mas de magia branca e magia negra dos rituais de umbanda. Quando fui para a França, eu a levei comigo, levando o olho de vidro, o pendente protetor.

Na faina de traduzir o *Seminário I*, perdi o pendente. Falei da perda na sessão, acrescentando que mais nada, ali, me interessava. Lacan reagiu teatralmente: "Você deve telefonar para o Brasil, encomendar outro imediatamente". Saí confusa do consultório. Como era possível que ele se comportasse como um pai de santo, me induzindo a continuar com um fetiche, quando a psicanálise não pode ser confundida com uma religião?

Sendo aprendiz, eu era dogmática e não me dei conta de que Lacan sobretudo não queria romper. *Primo ne rompere*, como diz um dos seus textos. O analista existe para fazer a análise acontecer, e Lacan desejava que a minha se fizesse. Para isso, avalizou a crença. Foi pragmático e ganhou tempo a fim de que eu fosse em frente, com a crença ou sem ela. Um procedimento excepcional, tendo em vista o racionalismo da cultura francesa. Revela o quão sensível ele era à cultura do analisando.

A sessão da perda do olho ensina a que ponto o analista precisa ser maneiro, fazendo inclusive o oposto do que se espera dele. Não pode obedecer a nenhuma regra geral. Deve considerar que a realidade sempre tem razão e facilitar o trabalho, pois o analisando inevitavelmente resiste. O próprio ato de se expor à palavra gera resistência. Pelo simples fato de que ela nos surpreende. Quem gosta de cometer um lapso e dizer o contrário do que supostamente desejava?

Ao me reler, percebo que poderia dizer da mãe o que disse do analista. Se quiser ter uma relação possível com o filho, precisa ser maneira. Quem sabe isso é sua avó, com quem tenho muito que aprender. Você saiu de casa, mas para ela você telefona. Talvez por ela não cobrar nada.

Também no que diz respeito ao pagamento, Lacan era maneiro. Queria ser pago em dinheiro, mas aceitava um cheque quando eu me esquecia de ir ao banco. Com a condição de que eu levasse o dinheiro na sessão seguinte e recuperasse o cheque. Não sei se fazia isso com os outros ou não. Só sei que ele empilhava em cima da mesa as notas que recebia. Para os outros verem que ganhava muito ou por fazer pouco do vil metal?

Enquanto analista, o que importava para ele era o valor simbólico do dinheiro. Assim, mais de uma vez, faltei à sessão e não paguei, imaginando que ele não perceberia. Qual nada! Certo dia, na hora de pagar, exigiu o dobro. Dei a quantia exigida sem tergiversar, mas saí me perguntando o que significava a exigência.

Com o enigmático dobro, que não correspondia ao número de sessões às quais eu tinha faltado, Lacan dava a entender que o importante era a dívida simbólica, e não a quantia devida. A interpretação me remeteu à infância, a um ancestral que se vangloriava de ter desrespeitado a lei, contrabandeando tecidos para o Brasil, e incitava os outros a proceder da mesma maneira. Me fez lembrar também do meu roubo de livros, nos anos 1960, e eu me dei conta de que não fazia isso só porque era de praxe, mas por um gozo ao qual não resistia. Um gozo que eu associo à conduta irresponsável do ancestral. Qualquer ato nosso pode ter consequências sérias. Por isso, cito incansavelmente a frase de Carlito: NÃO FAÇA NADA POR ACIDENTE. FAÇA TUDO DE PROPÓSITO.

Cito a frase, mas sou incapaz de fazer tudo de propósito. Foi por acidente que eu disse a você: "Se é para ficar assim calado, vai embora". Queria uma prova de amor - como se os que se amam precisassem de provas de amor.

Sua avó acaba de me telefonar. O amigo foi para o Rio e você para a casa dela. Aleluia! Passei duas semanas sem notícia sua. Bendita seja essa nossa grande mãe, que recebe a filha doente, o cônjuge injustiçado, o neto que não quer saber dos pais. Mamãe sabe da impermanência dos sentimentos e faz do tempo um aliado para apaziguar os ânimos e resolver os desacertos.

Na casa dela, você já não está tão longe. Tive o ímpeto de dizer no telefone: "Já que o meu filho está aí, me deixa falar com ele". Não disse, claro. Ademais, sua avó não teria te chamado. Sabe dar tempo ao tempo e deseja uma paz definitiva entre nós.

No telefone, ela me disse que você se parece com meu pai, os mesmos olhos amendoados e os traços finos. Comparou suas mãos às dele, os pés. Possível que eu também te ame por essa semelhança.

Meu pai, como o seu, foi meu primeiro educador. Me acordava com *Mens sana in corpore sano* para fazer ginástica antes de ir à escola. Nos fins de semana, me levava a nadar e ficava na beira da piscina, cronometrando as idas e vindas. Precisava ensinar a menina a se superar continuamente. Dizia "Você pode" e me incitava a ousar mais. Por ele ter perdido o filho homem e eu ser a mais velha?

Durante o ginásio, eu revisava as matérias com o pai e me esforçava para ter as melhores notas. Queria contentá-lo. No científico, passei a estudar sozinha e só estudava. A prioridade absoluta era passar com 18 anos no vestibular. Queria, como ele, fazer mais de uma proeza.

De uma das suas histórias de médico do interior eu não me esqueço. Madrugada, um homem bate na porta da casa do Doutor. Sua mulher, grávida de nove meses, havia tido uma convulsão e estava passando mal num sítio da redondeza. Com a charrete, o pai levaria uma hora. Foi a galope. Quando chegou, ela estava morta. Mas o coração da criança batia. Precisava salvá-la. Valeu-se do facão da cozinha para rasgar a barriga da morta de alto a baixo e tirar a criança. Duas décadas depois, fiz uma tese de doutoramento sobre a eclâmpsia, a doença que possivelmente matou a mulher em questão. Só agora, ao escrever para você, me dou conta da relação entre essa história e o tema da tese.

Ao se radicar em São Paulo, papai criou a primeira clínica de olhos popular. Chamava-se Liberdade. Realizou com a clínica o sonho da sua juventude – fazer medicina popular. A psicanálise social não existe, mas eu me empenhei em popularizar meus conhecimentos, introduzindo a rubrica do consultório sentimental na grande imprensa. Consegui isso graças a dois editores sensíveis à questão subjetiva. Os dois são escritores.

A identificação com o pai sendo profunda, passei no vestibular. Ao saber do resultado, fui ter com ele. Me esperava na rua e me abraçou como se fosse a última vez. A educação pelo cronômetro tinha dado certo! A filha passou pela porta mais estreita, a da Universidade de São Paulo! Dois mil candidatos para cem vagas... cinco mulheres entre os classificados!

Ele desejava que eu fizesse medicina. Nunca questionei esse desejo, pois ele era o meu modelo. Logo depois de ter prestado o vestibular, no entanto, constatei que não queria ser médica. Como a medicina não era incompatível com a psicanálise, fiz o curso. Mas fiz como quem bate ponto. Um desacerto que, infelizmente, é comum. Explica-se, por um lado, pelo espelhamento. Por outro, pelo desejo que o pai tem de prolongar a própria vida através da vida do filho e pela impossibilidade que este tem de dizer *não* àquele. Nessa situação, o pai é vítima da ilusão da imortalidade, e o filho, do medo de matar o pai com a palavra *não*.

Também sei disso porque você um dia me perguntou: "Mas afinal, mãe, o que você quer? Uma segunda vida?" Há mais de uma razão para o nosso apego aos filhos. A principal talvez seja o medo de morrer.

Sempre tive medo da morte e, aos 20 anos, perdi o pai. Foi uma tragédia. Estava no segundo ano da Faculdade de Medicina quando papai, com apenas 46, adoeceu gravemente. Uma leucemia incurável, decorrente da sua atividade de radiologista no tempo em que não havia a devida proteção. A tristeza se abateu sobre nós, rolei no chão aos prantos e levei uma semana para acreditar no diagnóstico, que minha mãe não contou a ele enquanto pôde. Depois, pediu que eu, a futura médica, contasse. Precisávamos tentar um transplante de medula. A dignidade do pai ao saber da leucemia foi extrema. Chorou uma única lágrima e telefonou para a secretária, a fim de fazer o testamento. Teria se contido por ser médico e estar preparado para morrer?

O transplante não foi possível, porém meu pai ainda se valeu da doença para me formar, pedindo que cuidasse dele, dando as injeções e os medicamentos. Dizia que o médico se forma com a dificuldade. Só assim aprende a não tergiversar. Embora triste, essa lembrança é feliz. Mostra que somos capazes de ser maiores do que nós mesmos.

Consciente ou inconscientemente, ele precipitou a morte. Sem falar na leucemia, pediu a um colega mais jovem que o aliviasse, abrindo um abscesso nas costas. O abscesso foi vazado e a isso, como era previsível, se seguiu uma hemorragia. Tivemos que interná-lo. No hospital, perfuração do estômago. Meu pai não desejava que sua vida fosse prolongada e não quis ser operado. Quando o cirurgião saiu do quarto, ele só me disse: "Não esquece que eu te amo". Se despediu, fazendo menção ao amor e à memória, que ameniza a dor da perda e possibilita o luto.

Desesperada, a família do pai convocou um centro espírita. Os crentes garantiram que ele ia se curar, desde que não tomasse remédio nenhum. "Nem mesmo uma aspirina". Impostura, cujo resultado foi uma dor insuportável. Meu pai gritava no quarto do hospital, e ninguém se mexia. Não tergiversei. Sendo estudante de medicina, podia prescrever qualquer paliativo. Prescrevi morfina e fui embora para não enfrentar os espíritas. Pouco depois, ele teve uma depressão respirátória e morreu. Não antes de ter dito para a esposa: "Vou morrer, querida". Deixou mamãe com a palavra *querida*, que ainda a faz viver.

Considero que foi um homem feliz, embora tenha morrido aos 48 anos. Além de ter conseguido tudo o que desejava como médico e empresário, teve a possibilidade de decidir a hora da sua morte e ser ajudado. Mais que isso, ficou consciente até o fim e pôde se despedir dos seus.

Aprendi com ele que é possível tirar partido de tudo, que a morte também serve para nos guiar. Nunca esquecerei que ele me amou, me ensinando a não abrir mão da liberdade. Deu um grande exemplo ao se tornar médico de si mesmo para se poupar e poupar os seus. Não posso dizer que tenha se suicidado nem que tenha induzido o colega a cometer eutanásia, mas posso afirmar que conduziu o barco da própria vida até o último instante.

Meu pai não precisou ler Montaigne para saber que a maior das armas contra a morte é não se deixar impressionar por ela. Era um verdadeiro médico e poderia ter escrito: "Para tirar da morte o maior trunfo que ela tem contra nós, devemos fazer o contrário do que habitualmente se faz. Deixar de estranhá-la, frequentá-la, nos acostumar com ela".

Pouco falei para você do seu avô. Depois da morte dele, eu não consegui fazer o luto, rememorando até me conformar com a perda. Só queria esquecer, como se isso fosse possível. O resultado foi passar anos em análise, pois o analista estava no lugar do pai.

Agora, precisamente por Lacan estar neste lugar, eu me beneficiava da análise e, no quarto ano, comecei a pensar na volta para o Brasil. Havia superado a xenofobia em relação a mim mesma, e o interesse pelo país crescia. Uma das manifestações da mudança foi a nova relação com a moda. Por ter percebido que não era possível fazer do corpo um cabide e me deslocar como uma régua, desisti de satisfazer às exigências da moda. Admirava os grandes costureiros, porém não queria mais pertencer ao harém de nenhum deles. Preferia inventar moda, como no Brasil, combinando as peças de roupa livremente.

Foi nessa época que eu tive um sonho decisivo. Graças a ele, expressei na análise o desejo de ter um filho e me dei conta de que isso não era possível por eu ser incapaz de imaginar o pai. Na verdade, não o imaginava por querer que o sobrenome do filho fosse o meu. Como podia o homem que eu imaginariamente era – por ser a primogênita – não nomear o descendente? Ia gerar e depois perder o filho para outro, cujo nome ele perpetuaria?

A consciência do meu desejo e do que o impossibilitava me fez passar para uma posição nova em relação à maternidade e, pouco depois, sonhei que tive um filho franco-brasileiro. Já era você. Cinco anos antes de ser concebido no meu ventre, você foi desejado. Com isso, saí do deserto a que parecia destinada. Deixei de ser uma terra árida e vislumbrei o oásis do amor materno, onde você e eu nos completaríamos.

Você teve a sorte de ser tão desejado pela mãe quanto pelo pai, que foi o primeiro a perceber que eu estava grávida. O laboratório confirmou a suspeita, e eu me entreguei ao novo corpo com prazer. Talvez porque o controle da maternidade fosse menos rigoroso ou talvez porque eu pertencesse à geração louca dos anos 1960, não parei de fumar, beber e comer tudo o que queria. Tomada pelo *desejo de grávida*, eu preparava os pratos mais requintados. Tanto descobria os produtos disponíveis no comércio quanto as diferentes maneiras de prepará-los. Os livros de receita se multiplicaram. Do terceiro ao sétimo mês da gravidez, morei em Paris e era capaz de atravessar a cidade para degustar isto ou aquilo. Na boca, o alimento fantasiado se transformava em guloseima. Certamente por razões hormonais, a gravidez propicia sabores inimagináveis. Nesse sentido, é uma festa.

O resultado da loucura gastronômica foram os vinte quilos que eu engordei e os quase quatro que você pesava ao nascer. Ainda me lembro da cesariana, do esforço do médico para tirar você do útero, ou melhor, para te arrancar. Ao escrever isso, eu me pergunto como é possível se expor aos desígnios da natureza e passar por uma experiência como esta.

Nunca se falou o suficiente sobre a coragem necessária para dar a vida. Nós já não corremos o risco de morrer, mas aceitamos a deformação imposta pela gravidez e o parto. Antes de alcançar a serenidade da madona, a mãe se separa do filho como a terra de si mesma num terremoto. Quem gritou foi você, mas podia ter sido eu.

Primeiro, sonhei com um filho franco-brasileiro. A seguir, sonhei que me chamavam de *mãe* e passei a me perguntar que tipo de mãe eu podia ser. Não encontrei resposta para a questão na análise, e sim depois do seu nascimento. Porque o amor torna inteligente, aguça a sensibilidade e indica a solução.

A maternidade me fez descobrir prazeres até então ignorados. O primeiro foi o de cantar. Inventava canções de ninar, brincando com a voz. Isso me revelou a voz que tenho, e a hora de fazer você dormir se tornou sagrada. Por também ser a do encontro comigo mesma.

Evitei sempre que você fosse ninado por pessoas desconhecidas. Sobretudo, não queria que você ouvisse: "Dorme, neném, que a cuca vem pegar/ Papai foi pra roça/ Mamãe foi passear". Uma canção de ninar sádica, pois a cuca é uma velha feia, parecida com um jacaré.

O segundo grande prazer da maternidade foi o da nomeação. Graças a ela, eu me surpreendia com as palavras. Dita para você, a palavra requeria uma pronúncia clara, e eu a ouvia como nunca antes. A palavra *gato* ou *cachorro* não era uma palavra qualquer quando soletrada para você... *ga-to*, *ca-chor-ro*.

A maternidade pode propiciar a renovação contínua e ser particularmente feliz. Assim, quando você me disse "Quem deve me agradecer pela vida é você", eu estranhei, mas depois pensei melhor e te dei razão. Quando pequeno, você foi uma Fonte de Juventa, e eu teria continuado a me renovar com você se tivesse me preocupado menos com o seu desempenho escolar e te escutado mais. Isso talvez não tenha sido possível por eu ter me identificado com meus pais, cuja exigência, em termos de desempenho, sempre foi máxima.

Tendo me confrontado na análise com a questão da maternidade, decidi voltar para o Brasil. Havia trabalhado no Hôpital Saint-Anne, onde Lacan fazia a apresentação de doentes, ensinado no Departamento de Psicanálise de Paris VIII, dirigido por ele, e feito os controles necessários para ser uma analista praticante. Queria agora transmitir o que havia aprendido.

Lacan não se opôs à minha decisão e, a meu pedido, marcou um controle antes da separação. Controle que eu pedi por ter agido com uma analisanda, a Senhorita L, de forma contrária às convenções analíticas.

L bebia por ter dificuldade de falar. Na infância, ingeria tudo o que encontrasse na geladeira e, depois, passou a beber até a ânsia de vômito, o *dégout*. Na véspera da penúltima sessão comigo, antes da minha volta ao Brasil, sonhou que eu a presenteava com um vinho brasileiro e associou o presente à degustação, manifestando assim o desejo de passar do *dégout* para a *dégustation*.

Na noite seguinte à da penúltima sessão de L, sonho que lhe dou uma garrafa de Chateauneuf du Pape. Por que esse desejo de satisfazer o desejo da analisanda? Descubro, ao me perguntar isso, que a cura de L passaria pela degustação, pois ela compensava a dificuldade de falar com a bebida e, na degustação, o ato de beber está associado à fala. O degustador profissional põe um gole na boca, bochecha, cospe e depois diz o que pensa do vinho.

Se conquistasse a possibilidade de degustar, L deixaria de beber. Queria que ela entendesse isso antes da nossa separação. Achei que dar a ela, na sua última sessão comigo, um vinho para a degustação era a maneira mais eficaz. Fiz isso, contrariando a regra básica do *não agir* do analista e temendo que o procedimento me valesse a expulsão da Escola Freudiana de Paris.

Tendo ouvido a história e os meus argumentos, Lacan se saiu com um *"Vous avez de la bouteille"*. *Bouteille* é sinônimo de *garrafa*, mas a expressão significa "Você tem experiência". Com o trocadilho, ele sancionou um ato aparentemente aberrante e, no dia seguinte, compareceu à festa de despedida, pedindo, aliás, uma bebida que não havia: Jack Daniel's.

Depois do controle, marquei a data da volta com a intenção de me radicar definitivamente no Brasil. Isso foi quatro anos antes do seu nascimento e implicava me separar do seu pai. Mal chego em São Paulo, ele me telefona. O Atlântico entre nós não era um empecilho, ele sabia que o amor contorna os obstáculos e vence a distância. O fato é que eu saí da França em 1978, e em 1981 nós nos casamos.

Todo amante é um Quixote. Pode a sua Dulcineia ser uma, ele a toma por outra. Para o seu pai, sem estar na França, eu estava, e ponto. Mulher nenhuma resiste a um desejo assim. Acho mesmo que o fato de ser amada incondicionalmente foi decisivo para eu me casar. Não queria correr o risco de ser substituída sem mais nem menos por outra, como já havia sido. Sabia que para ele eu era única, ainda que fosse um libertino ou precisamente por isso. Tinha comigo uma relação que não era possível com as outras, e o resto não importava. Ademais, a libertinagem estava ligada a uma ética na qual eu me reconheço, a da austeridade e do pensamento livre.

No período em que eu morava no Brasil e ele, na França, viajávamos para nos encontrar. A partir daí, o ir e vir faz parte da vida que eu levo e pretendo levar até o fim. Com o ir e vir, eu me renovo, por ser obrigada a me desapegar e me adaptar a outra circunstância. Me acostumei a viver assim e me dou bem, porque, onde quer que eu esteja, a escrita me propicia o prazer de estar para ela e me surpreender com o texto.

Me casei com seu pai em Paris. Foi no mês de agosto, mês de férias. Nem por isso descuidamos dos detalhes da festa. Me casei de *smoking* e com um chapéu de paetês dourados. Até hoje guardo este chapéu. Ao escrever isso, me dou conta da importância da lembrança, do *souvenir*. Impede o passado de passar inteiramente, e, por isso, as pessoas lamentam mais perder as joias de estimação do que as outras.

O almoço de casamento foi no Train Bleu, um restaurante que é um convite à viagem. Fica na Gare de Lyon, com vista para os trilhos. Construído em 1900 no estilo belle époque, tem salas imensas com lustres de cristal, esculturas douradas e pinturas representando as paisagens que o trem atravessa. Os bancos são de couro, as toalhas, brancas, e a louça tem o logotipo do restaurante. Os três tetos representam Paris, Lyon e Marselha. Numa das paredes, há um retrato de Sarah Bernhardt, que foi inclusive para a Amazônia, onde caçou macacos. O restaurante era frequentado por Coco Chanel, Brigitte Bardot, Jean Cocteau...

Embora nos últimos anos do casamento seu pai e eu tivéssemos vida amorosa independente, a viagem que começou em 1981 no Train Bleu durou até a morte dele, em 2004. Nós nos casamos à nossa maneira, e a lua de mel obviamente não se passou em Veneza, mas na Polônia, embora o país estivesse em pé de guerra. Seu pai queria ir para Varsóvia, e eu disse *sim*.

No avião, além de nós, não havia nenhum turista. Ao sairmos do aeroporto, bastou subir no táxi para topar com o mercado negro. *"Change money?"*, insistia o chofer, que além disso só sabia dizer *no turist, no business*. O mercado negro se fazia com a cumplicidade da polícia, era uma prática ilegal sem ser ilegítima – não era crime, era contravenção.

No restaurante, o cardápio era uma promessa de pratos em falta, mas a decoração evocava o Império Austro-Húngaro. Voltamos de fiacre pelas ruas de Varsóvia – uma cidade recolhida, quase parada –, ouvindo o estalo da ferradura no asfalto. Na porta do hotel, mais uma vez o *"Change money?"* enquanto a Milicja se aproximava. Um estado policialesco temperado pela corrupção.

Na manhã seguinte, fomos à praça central, onde as pessoas se acotovelavam para comprar um cachorro-quente. Nas ruas, em volta da praça, lojas vazias, quitandas com frutas e legumes murchos, açougues sem carne. O olhar perdido, as mulheres passavam sempre carregando uma ou duas sacolas. Faltava tudo, e qualquer oportunidade de comprar era aproveitada. A única meta era sobreviver à carência. O governo se valia desta para enfraquecer a oposição, que arregimentava 10 milhões de pessoas, enquanto o Partido Comunista contava com apenas 1 milhão de inscritos.

A Polônia estava dividida, mas, se a Rússia interviesse, seria acolhida por 36 milhões de fuzis, a população inteira. Contra os tanques russos, os poloneses avançariam com coquetéis molotov, repetindo a façanha de enfrentar, em 1939, os tanques alemães a cavalo, com bolas de estopa incandescente! A identidade nacional, na Polônia, é indissociável de uma resistência que desafia a morte e a razão. Descobri, na lua de mel, o mais romântico dos países, que é a pátria de Chopin.

Na época do casamento, eu não soube responder à pergunta do seu tio: "Afinal, em que país vocês vão morar?" Eu estava trabalhando no Brasil, e a definição ainda não se impunha.

Morava e trabalhava em São Paulo, mas ia regularmente ao Rio para ensinar no Colégio Freudiano. Os cariocas queriam me ouvir, enquanto os paulistas me queriam a distância, por ter sido analisanda de Lacan. Ou eram contrários à prática dele ou rivalizavam comigo, por serem lacanianos. Havia trabalhado três anos em Paris, no Departamento de Psicanálise de Vincennes, e, em São Paulo, ninguém me convidava para nada. O consultório ficou quase um ano vazio.

Na ocasião do lançamento do *Seminário I*, traduzido a tão duras penas, escrevi uma autoentrevista e fui ao *Jornal da Tarde*, embora não conhecesse ninguém de lá. Disse, na porta, que precisava falar com o diretor, e a convicção era tamanha que não fui barrada. Me apresentei e entreguei o texto. Nele, eu falava do retorno a Freud, proposto por Lacan, e contrapunha a prática deste à dos analistas que se apresentam como quem sabe e cuja meta é formatar o paciente.

O diretor do jornal gostou e a autoentrevista foi publicada na íntegra, ocupando uma página inteira do jornal. No dia em que a matéria saiu, o telefone não tocou. Não fui elogiada e tampouco criticada. Mas, a partir daí, o espaço da imprensa se abriu, e eu comecei a fazer a difusão do trabalho também através do jornal. Esse procedimento novo contrariava os analistas franceses, que não falavam com os jornalistas. Além disso, no Brasil, dava margem à zombaria de um cronista social, que se referia a mim como "Lacan cancã". Na época, a brincadeira me irritava. Hoje, sei que ela me favorecia, por associar a psicanálise ao que os brasileiros mais apreciam: a dança.

Não fosse a insistência da família, não teria me radicado em São Paulo, e sim no Rio, onde a luminosidade é tamanha que até os urubus ficam radiosos e o pôr do sol merece os aplausos que recebe. Perdi a conta dos dias que passei em Copacabana, olhando os cactos como serpentes no flanco da montanha ou contemplando, do Corredor dos Pescadores, o mar imenso e a onda borrifando as pedras.

De 1979 até o seu nascimento, fui tanto quanto pude ao Rio. Em São Paulo, eu vivia isolada, escrevendo para o seu pai ou me preparando para ir ao encontro dele na França. Só na casa da sua avó eu me sentia bem, embora ela seja a própria figura da ordem. O copo não fica vazio ao lado de quem bebeu. Volta imediatamente para a cozinha. A cama de quem chega para passar a noite é arrumada no dia da chegada e desarrumada na manhã seguinte. A ordem é essa, e ponto. Mamãe não é *você* para ninguém, é *senhora*.

A decoração da casa, ou melhor, do apartamento, data de algumas décadas. Mas foi feita de uma vez por todas, e nada mudou. Na entrada, à direita, o oratório do século XVIII, comprado quando ainda não se valorizava o colonial brasileiro. À esquerda, o relógio inglês de madeira avermelhada e ponteiros dourados, que pertenceu ao meu bisavô e foi destinado a você. Bate a hora desde que eu era criança. Mamãe dá corda nele todo dia, e o prazer com o qual faz isso justifica o ato. Um prazer que certamente tem a ver com as mulheres que a precederam na tarefa, a mãe e a avó.

O relógio conta a história de uma família de imigrantes que enriqueceu numa geração e passou a medir forças com os quatrocentões, decorando a casa com móveis importados. A presença dos ingleses, que fizeram as ferrovias do estado, é marcante na cidade. São Paulo chegou a importar da Inglaterra a estrutura métalica da Estação da Luz, porta de entrada da cidade e estação por onde passava o café exportado do porto de Santos.

O salão do apartamento da sua avó só é aberto em ocasiões especiais, como na casa onde morávamos na minha infância. O piano de cauda preto me lembra as horas infinitas que passei tocando, porque a boa educação implicava isso. Um dia, ousei o *não quero mais*, e o piano ficou como relíquia. Ninguém abre. A questão do uso no salão, aliás, é secundária. Há um conjunto de quatro cadeirinhas de madeira marchetada de madrepérola nas quais nunca sentamos. Vira e mexe, mamãe se serve delas para enaltecer a família. "Foram importadas da Síria a pedido do Itamaraty. Com a Crise de 1929, o governo não pôde pagar a encomenda. Setenta peças! O importador pediu ao meu pai que guardasse. Acabou arrematando tudo por um preço baixo."

A representação é importante para sua avó, e isso só não me incomoda porque ela é particularmente acolhedora. Sempre há lugar para quem quiser dormir lá. Todos, filhos e netos, são tratados da mesma maneira. Comida tem a qualquer hora, pois ela improvisa. Sente-se no dever de alimentar os que chegam. Trata-se de uma tradição libanesa.

Nas ocasiões especiais, arruma a mesa com louça francesa e copos de cristal. Começa a arrumação na véspera, pois quer se certificar de que tudo estará impecável, a toalha, a louça, o cristal. Para não quebrar nada, só lava e guarda os utensílios no dia seguinte. Nunca poupa tempo para receber bem e fica particularmente feliz com os elogios, que ela não dispensa. "Gostou do sorvete?" Refere-se ao *gâteau glacé*, o sorvete de creme caramelizado que nunca falta.

Com a sua idade, consegue ser imprescindível. Isso se deve ao amor sem limites do qual é capaz, mas também à segurança que nos dá. A casa não muda, e ela, também não. Sempre bem-disposta, atende a todos os telefonemas. Por isso, quem viaja telefona para ela, informando que se encontra no seu destino. "Chegou. Graças a Deus!" E a informação é logo transmitida aos outros, porque é assim também que ela mantém a família unida.

Com o tempo, foi ficando mais baixa e mais corcunda, mas não sofre com isso, aceita ser como é. Só se veste com capricho nas ocasiões especiais. Na vida cotidiana, qualquer roupa serve. Acorda cedo para trabalhar e só para quando a professora de ginástica chega no fim da tarde. Não se trata com remédios, e sim com a devoção ao trabalho e aos familiares.

Todo ano faz um *checkup*, porque nós a obrigamos. Se dependesse só dela, não faria nada. Controla a glicemia em casa. Quando sobe, aumenta a dose diária de insulina, e ponto. E a glicemia sobe mesmo, porque mamãe não se priva do açúcar. Adoça seu cafezinho com quatro colheres.

Não pensa na morte, mas está preparada para ela e, quando pode, prepara os outros, ensinando que ninguém deixa de existir porque morre e que lamentar a infelicidade atrai infelicidade. Rememora com paixão a sua única história de amor, o primeiro encontro com o marido, o primeiro baile e o tango, o primeiro beijo, já na véspera do casamento. Uma rememoração que data a sua história de um tempo imemorial, o da camisola branca da noite de núpcias, "*plissé soleil*".

Está bem, porque gosta de si mesma. Ser amada é o que sua avó mais deseja, e ela sabe usar as palavras para isso: "Há quanto tempo eu não te vejo" ou "Como você está bem!" ou "Você está mais jovem a cada vez que nos encontramos!".

Diz que nunca está só, porque meu pai está sempre junto. Que as lembranças são muitas. Que até gosta de escutar e enxergar menos para se dedicar mais aos dois. A frase implícita em todas as outras é *O amor é maior do que a morte*, que deveria figurar no seu túmulo.

Três semanas que eu não te vejo. Por sorte, sua avó me telefona todo dia. Você contou a ela por que saiu de casa. Não ousava me falar da namorada... da impossibilidade de viver sem ela. Não sabe se vai ficar no Brasil.

Por que você não me disse *não* antes de embarcar? Verdade que eu insisti. "Você é bicultural, pode trabalhar em dois países e ser bem-sucedido. Vai perder a oportunidade? Sempre é tempo de casar". Você foi incapaz do *não* à sua mãe, como eu ao meu pai, que desejava ter uma filha médica. Cada um de nós faltou consigo mesmo...

Mas é possível que eu tivesse feito ouvidos moucos se você dissesse que não ia embarcar. Sumariamente, eu decidi por você e estou pagando por isso. Quão absurdo ter imaginado que a nossa relação com o tempo é a mesma. Na sua idade, você está sujeito a uma urgência que eu desconheço. Gostaria de te dizer que errei, mas não vou telefonar. A sua avó saberá propor o encontro no momento certo. Também por isso você foi para a casa dela.

Por ser filha de quem sou, eu amo o amor e fiz dele o meu tema quando engravidei. Pouco antes da gravidez, um editor me encomendou um livro sobre "a paixão, o amor ou o desejo". Estranhei a encomenda e adiei a resposta. Mas, ao te conceber, o livro começou a se fazer. O desejo de falar do amor se impôs.

Marguerite Duras diz que o amor surge de uma falha súbita na lógica do universo. A gravidez não foi uma falha na lógica do universo, porém foi na lógica da minha existência. Uma outra vida que, de repente, se fazia no meu ventre, embora a primeira imagem de você seja a do esqueleto no ultrassom. Soube, ao ver essa imagem, que você era mortal e soube do desejo de me proteger para te proteger. O instinto materno talvez seja apenas isso. O fato é que eu já não era mais eu, era outra, era você e eu.

Depois de dar à luz, escrevi um capítulo sobre os dizeres do amante, o *eu te amo*, que mágica e contraditoriamente prende e libera, o *sem você eu não existo*, expressão do mal que a ausência do amado causa, o *prova que me ama*, que mais serve para o amante se desesperar... Escrevi passando da ilusão à desilusão do amor, que se expressa com *se você me amasse* ou com *chega de amor*, uma saída infeliz, porque, ao morrer para o amor, nos despedimos de nós mesmos.

Durante sua primeira infância, seu pai e eu vivemos intensamente o amor por você. Morávamos no apartamento de São Paulo que, por ser espaçoso, ter venezianas de madeira e chão de tábuas largas, me dá a ilusão de estar numa fazenda, embora esteja a 100 metros da Paulista. A vista para uma fachada de vidro e um jardim do Burle Marx me lembra Nova York. No meio do jardim, há uma fonte que jorra continuamente, e o barulho da água é audível no meu andar.

De início, tive com o apartamento uma relação conturbada. Me mudei para ele durante a construção dos prédios vizinhos, e o barulho era tal que pensei em deixá-lo. Como seu pai não queria, acabei pondo vidro duplo nos quartos e fiquei. Sempre dizendo que era provisório. Não por me ver noutro lugar de São Paulo, e sim por me sentir mal na cidade. Como podia ela ter crescido tanto, arrasando o passado em função do carro, do fluxo ininterrupto, e nos obrigando a enfrentar cotidianamente o pior dos tráfegos? Como podia o rio que a atravessa ser tão fétido, suas águas tão abjetas? Como? Como? Como? A lista das minhas indignações era infindável, e eu me queixei até me dar conta de que, em São Paulo ou em qualquer outra cidade, estou bem, desde que possa ficar comigo mesma e escrever.

Até os seus 3 anos eu vivia para os analisandos e para você, mas ia ao Rio trabalhar no Colégio Freudiano, traduzir Lacan e reinventar, na língua portuguesa, os seus conceitos. Nem sempre escapamos aos efeitos da língua francesa, à sua impregnação. Mais de uma vez, cometemos o "crime" do galicismo, porém fizemos traduções definitivas para alguns conceitos. Entre elas, a do *après coup*, traduzido por *só depois*. Trata-se de uma ideia fundamental e de difícil compreensão para quem não se submeteu a uma análise. Diz respeito ao fato de que, só depois de falar, nós sabemos o significado do que foi dito.

Possível que o sucesso do Colégio se deva ao fato de ousarmos brincar com a língua, fazendo trocadilhos e inventando neologismos. De um deles eu não me esqueço: *Améfrica Ladina*. Nos servíamos dele para reivindicar nossa africanidade e para marcar a diferença em relação aos outros países da *América*

Latina. Nem queríamos ser americanos, nem latinos. Nos dizíamos *amefricanos* e *ladinos*, pois o ladino é o que sabe trabalhar e, sendo pragmático, sabe viver.

A cultura brasileira do brincar estava no centro dos meus interesses. Seu pai sugeriu que eu fosse encontrar Gilberto Freyre, trocar ideias com o sociólogo para saber se era válido privilegiar o brincar na interpretação da nossa cultura. Freyre era acessível e bastou um telefonema, no qual expus o motivo da ida, para que ele agendasse o encontro. Na Páscoa de 1988, seu pai e eu viajamos para o Recife.

Fui recebida na Fundação Joaquim Nabuco por um *scholar* impecavelmente vestido de terno e gravata, apesar do calor. Disse a ele que, tendo vivido muitos anos na Europa, estava interessada em saber o que diferenciava o povo brasileiro dos outros. "O seu drama foi o meu", comentou Freyre acolhedoramente. Perguntei, então, de onde nos viera o brincar. "Das raças que nos formaram, só o negro é filho do trópico... ele transpira pelo corpo inteiro, é feliz pelo seu modo de respirar o trópico." E ele acrescentou que a capacidade de brincar do negro é superior à dos outros. Trata-se da resposta de um sociólogo cuja teoria brotava do corpo e se realizava através de uma língua literária, capaz da bela expressão *respirar o trópico*.

Perguntei qual a parte do português no brincar, e ele primeiro comentou que se fala mais na sua tristeza, na saudade enquanto mágoa. Depois, disse que, no Brasil, o brincar se sobrepõe à tristeza, e não se pode dar ao país um caráter europeu inteiramente ibérico. Surpreendeu-me, afirmando que houve uma grande influência francesa, pois o brasileiro da burguesia brincou muito com a coquete. Como não podia deixar de ser, introduziu no nosso diálogo a sexualidade, pois a sua sociologia não se concebia sem ela. Assim, nobilitou temas até então desconsiderados, como o valor do traseiro e as possibilidades das ancas brasileiras. Trabalhava e vivia a contracorrente, tomando banho de cachoeira sem roupa e sem medo das más línguas.

Passamos mais de uma hora juntos, e ele me ofereceu um pequeno livro com a seguinte dedicatória: "Pelas afinidades do pensar e do sentir". Tratava-se do texto de uma conferência dele sobre Camões, no qual tive o prazer de ler que o poeta sorveu sua poesia de bocas femininas.

Na saída, seu pai me esperava para saber o que havia acontecido. Surpreendentemente, na manhã seguinte, havia na porta do hotel um carro à nossa disposição para visitar o Recife – um carro enviado por Gilberto Freyre.

Passada sua primeira infância, seu pai quis voltar para Paris. Tendo tido um pai sempre presente, não suportei a ideia de ver você crescer sem o seu. Apesar de contrariada, fui viver de novo a maior parte do ano na França. Isso implicou reduzir a clínica e manter só os analisandos que podiam suportar a minha ausência, trabalhar comigo periodicamente – quase todos analistas.

Seu pai argumentava que sua formação seria melhor na Europa e eu teria tranquilidade para escrever o romance com o qual sonhava. Os dois argumentos eram verdadeiros, mas a ida significou renunciar a uma boa situação de trabalho e viver num apartamento cinco vezes menor.

Suportei a mudança graças à escrita, embora tivesse com ela uma relação ambivalente. Por um lado, me transportava para o país do romance e me contentava. Por outro, sofria escrevendo, por falta de experiência. Durante o dia, meu contentamento era descontente, e eu esperava o final da tarde para te encontrar na saída da escola.

Íamos direto para casa, a fim de que a "provedora das comidas" – eu – preparasse o jantar. Você ficava ao meu lado, e nós falávamos em português. Nessa hora, eu corrigia os galicismos e explicava como fazer o prato. Queria que você soubesse cozinhar, como os meus ancestrais homens. Por terem emigrado sozinhos, foram obrigados a aprender. A melhor carne grelhada que eu já comi foi a feita pelo meu avô paterno e o melhor tabule, o do meu tio.

Durante os primeiros anos dessa vida em Paris, fiquei tomada pelo romance, que eu escrevi me inspirando em duas histórias, a da análise com Lacan e a da imigração dos meus. Não sabia como integrar as histórias e levei um bom tempo para saber. Por fim, descobri que, se a heroína rememorasse seu passado, conseguiria se separar do pai imaginário, ou seja, do analista.

O romance me valeu algumas inimizades. Como se um romance não fosse um romance. Por vias tortas, Seriema, a heroína, chega à conclusão de que não procurou um analista francês pelo que ele sabia, e sim pelo que não podia saber, por ignorar o português. Noutras palavras, escolheu um analista diante do qual ficaria velada. Um paradoxo que é a prova da existência do inconsciente.

Mais de uma vez me perguntaram se a heroína de *O Papagaio e o Doutor* sou eu. Trata-se de uma heroína na qual eu me reconheço, porém sou e não sou Seriema. A história dela é a que eu inventei escrevendo, não é a minha.

Escrevi sabendo que os leitores me identificariam com a heroína e alguns dos meus se reconheceriam nos dela. Mas isso não me incomodava. Pamuk sempre misturou o imaginário e o real. Sabia que os leitores tomariam um dos seus personagens por ele e, na verdade, desejava isso. Diz ter concebido o romance para ser considerado uma obra de ficção... porém, também para que os leitores acreditassem que a história era verdadeira. Conclui afirmando que a arte de escrever um romance implica sentir esses desejos contraditórios e não se incomodar com isso.

O Papagaio e o Doutor foi publicado no Brasil em 1991. Segundo a crítica do principal jornal de São Paulo, não passava de uma paráfrase de Lacan. Por sorte, Zé Celso, o homem de teatro mais polêmico do país, leu o romance e escreveu um artigo celebrando o texto. Dizia que o livro dava saudades do Brasil por fazer, "num futuro presente próximo", um país capaz de afirmar que é um sonho da Europa e também da cultura clara do negro escravo, "a cultura dionisíaca do Carnaval e do futebol".

O artigo me encorajou a editar *O Papagaio e o Doutor* na França, e eu convenci seu pai a traduzir. Não foi boa ideia, porque meu texto é uma estilização da oralidade, e ele não escrevia estilizando a fala. Apesar do nosso empenho, o tom da tradução não é o do original. Seriema é uma heroína irreverente, porém também engraçada, e a versão francesa não faz rir.

Na arte, como na vida, nada é pior do que o voluntarismo. Mas, na época, eu não só desconhecia o provérbio chinês segundo o qual o rio se forma quando as águas se juntam, como não daria ouvidos a ele. Certas coisas a gente só aprende com a experiência. Sei bem que você não acredita nisso e não está de acordo comigo. Não importa. Para se dar bem, não é preciso concordar sempre, nem é possível, por maior que seja o desejo de coincidir.

Apesar do desejo de coincidir com seu pai, a tradução nos separava, e eu adoeci. Por desconhecer os problemas inerentes à versão do português para o francês, a cada vez que ele me dizia "Isso não é traduzível", era como se eu não tivesse o direito de existir.

Por sugestão de uma amiga, deixei o trabalho só para o seu pai. Sendo uma escritora francesa, radicada nos Estados Unidos, entendeu que a causa da doença era o meu apego ao original. Sou tão grata a essa amiga pela sugestão quanto pelo prefácio do romance, que resume a história da heroína numa só proposição: "Vai procurar sua alma na capital do espírito e aí descobre que ela se encontra no seu país de origem, e o espírito paira em todo lugar".

O Papagaio e o Doutor foi editado na França em 1997 e lançado em Paris no Consulado do Brasil e na Maison de l'Amérique Latine. Convidei analistas independentes formados por Lacan para apresentar o livro. Um deles se referiu a Seriema como uma heroína duplamente exilada do seu país e da sua língua materna, às voltas com a paixão pela linguagem despertada pelo encontro com o Doutor. Hoje, me dou conta da pertinência desse comentário.

Além dos analistas, havia escritores, e entre eles a tradutora do livro para o espanhol. Primeiro, focalizou o zigue-zague entre a história da análise e a da imigração, dizendo que o texto é assim, pois os latino-americanos são descendentes do navio. Inclusive os índios, "cuja alma se estraçalhou ao ver os descobridores desembarcarem". Depois, para caracterizar o estilo do romance, chamou a atenção para o excesso na rememoração da história dos ancestrais e o vazio na rememoração das sessões. Evocou o barroco, que compensa pelo excesso o horror do vazio. Concluiu dizendo que simpatizava com o Doutor, por ele ser tão brasileiro, por fazer pouco do tempo do relógio e aceitar os dizeres todos, permitindo assim a Seriema encontrar no divã a sua alma materna brasileira, "a mais luminosa das centelhas".

Em 1997, você era um adolescente e não resistia ao gosto da provocação. Um dia, por ter entrado num jardim público já fechado, foi parar com os colegas na delegacia. Fui avisada pela mãe de um deles. Pedi uma explicação. Você me respondeu que era noite de lua cheia. Perguntei se a "proeza" ia se repetir, você disse que não. Me vali da ironia por saber que a bronca seria inútil.

Como os colegas, você só dizia as palavras de trás para a frente, e eu me perguntava se você falava assim simplesmente para diferir de nós ou por causa da nossa exigência desmesurada em relação ao conhecimento do francês e de outras línguas. Nesse particular, seu pai e eu coincidíamos e, não contentes com o fato de você falar francês, português e inglês, quisemos que fosse estudar no Goethe Institute.

Pouco depois, nos telefonaram da Alemanha, avisando que você havia sido expulso por ter subido no teto da escola. Seu pai se aborreceu muito, eu já nem tanto. Também estudei lá e, uma semana antes do fim do curso, fui embora porque o diretor, que só existia para nos fazer obedecer a regras, se valia do menor desvio para exercer seu sadismo. Não usava o poder de que dispunha, abusava dele. Noutras palavras, não se valia da sua posição para fazer vigorar a autoridade da lei, e sim para se exercitar no autoritarismo e se satisfazer. A partir do episódio da expulsão, seu pai, você e eu nos entendíamos cada vez menos e nos isolávamos cada vez mais.

Nesse 1997, o Brasil foi convidado pela França para o Salão do Livro de Paris, e o então diretor do Sindicato Nacional dos Editores da França quis me conhecer. Marcamos um encontro em casa e eu mostrei um cartaz do romance publicado em francês. Além da capa, havia uma foto minha com a boca aberta numa gargalhada. Poderia ser uma metáfora do riso, e o diretor não parava de olhar. Fiquei tão impressionada pela insistência do olhar quanto pelos olhos azuis dele. No encontro seguinte, me apaixonei ouvindo-o dizer a propósito do meu vestido: "Vermelho, da cor do apetite".

Me entreguei à paixão, pensando que logo acabaria. Mais de uma vez tentei me separar e não alcancei o meu propósito. Impossível renunciar ao contentamento que o amor me propiciava.

Oswald e eu vivemos clandestinamente o amor ao qual estávamos destinados até você completar 21 anos. Temia que você me censurasse e fiquei alegremente surpresa quando você fez pouco do meu segredo de polichinelo.

Durante os anos do "segredo", o que Oswald e eu mais queríamos era estar juntos, e sempre encontrávamos o modo feliz de realizar isso. Talvez fôssemos sábios por já termos penado no casamento. Ou simplesmente porque o amor faz saber, como mostra uma pequena história que Oswald me contou. O homem pergunta à mulher o que ele precisa fazer para lhe dar uma prova de amor, e ela responde: "Basta que você me ame".

Não tínhamos casa, mas tínhamos a rua para ver Paris. Queríamos a cidade para nos surpreender. Sempre que possível, íamos ao cais do Sena ver o pôr do sol, que nunca se repete. Esperávamos, conversando ou lendo em voz alta. Mais de uma vez, celebramos aquela hora com o monólogo de Molly Bloom: "... ele me pediu perguntou se eu queria sim dizer sim minha flor da montanha e eu primeiro pus os braços em volta dele sim e puxei ele para ele sentir os meus peitos todos perfume sim e o coração dele batia como louco e eu disse sim, eu quero sim". Não sei dizer o que Oswald e eu não lemos juntos, encarnando personagens masculinos e femininos.

Não fazíamos planos para o futuro. Só o presente existia, a cidade que ele via com os meus olhos, e eu, com os dele. O amor nos tornava particularmente semelhantes. Um dia, Oswald me disse que teve o sentimento de andar nas botas dele com os meus pés, ou seja, de ser eu.

Nós dois estávamos prontos para viver o amor, que requer a escuta e é sempre delicado – o amante sobretudo não corre o risco de afastar o amado. Nenhum de nós renunciou ao que quer que seja, porque cada um apostava na liberdade do outro. Queríamos a proximidade, mas aceitávamos a separação quando necessária.

Oswald viajava a trabalho para congressos, salões e festivais. Sempre que possível, eu o acompanhava. Graças a isso, fui a países aos quais nunca havia imaginado ir. Inclusive para a China. Gosto de lembrar a visita à Cidade Proibida. Depois de termos ido de manhã, com a massa de turistas, voltamos de noite para circundar o palácio, olhar a lua cheia e imaginar como havia sido ali.

Só fiz o passeio por estar com Oswald. Sozinha, teria sido impossível pela limitação que o perigo impõe às mulheres – o perigo real ou imaginário, sempre humilhante. Foi pela impossibilidade de passear sozinha que Taslima Nasreen escreveu *Uma jovem furiosa*. Ao ler o livro, tive o sentimento de ser meu o texto dela: "Tenho vontade de ir passar um tempo nas montanhas de Sitakund... ir sem mais nem menos passar a tarde em Shalbon Bihar, ir à beira-mar em Saint-Martin ver passar as gaivotas... Numa tarde de mormaço, gostaria de ficar deitada na grama, só contemplando o céu... ficar horas com os pés na água em Crescent Lake, quando a noite cai. Ou então, de repente, o desejo me toma de passear de barco na Shitolsha".

Com Oswald, eu poderia ficar nas montanhas de Sitakund, pôr os pés na água de Crescent Lank ou passear na Shitolsha. Nosso encontro foi uma bênção. Um dia, ele me disse que não havia imaginado, antes de me encontrar, a possibilidade de um amor feliz, porque os amantes clássicos são todos infelizes. Supondo que Julieta está morta, Romeu se mata. Vendo Romeu morto, Julieta se suicida. Para serem eternos, Tristão e Isolda querem morrer.

Nosso amor, decididamente, não era o de Tristão e Isolda. A vida nos parecia insuficiente para tudo o que queríamos e podíamos viver em Paris e noutras cidades. Olhando a lista dos lugares em que estivemos, eu hoje me pergunto por que viajamos tanto. Decerto porque a viagem suspende a realidade, e o amante quer isso. Quanto mais ele se afasta do cotidiano, mais capaz se torna de viver o sentimento amoroso. Vira e mexe, estávamos numa estação de trem ou no aeroporto. Gare de l'Est, Gare de Lyon... Roissy-Charles de Gaulle. Não corríamos o risco de citar Maiakovski, "a canoa do amor se quebrou no cotidiano", pois o cotidiano para nós não existia. Íamos de uma para outra lua de mel, extraindo o ouro do tempo.

Me vali das viagens também para descobrir autores ou me aprofundar nas suas obras. Embora viva a poucos quarteirões do hotel particular onde Madame de Sévigné residiu, eu só descobri a escritora no sul da França, em Grignan, cidadezinha de campos amarelos e roxos – girassol e lavanda. Oswald e eu fomos durante o Festival de Correspondência e ouvimos as cartas de Madeleine Renaud e Jean-Louis Barrault, à luz das estrelas, no pátio de um castelo renascentista, circundado por uma muralha medieval.

No dia seguinte, fiquei sabendo que, no castelo, morou a filha de Madame de Sévigné, que fez sua obra escrevendo para ela. Amava a filha com paixão e não suportava esperar pelas suas respostas: "Só recebi três cartas. Eu me devoro, tenho uma impaciência que perturba o meu repouso...". Madame de Sévigné só encontrava consolo escrevendo. Graças à viagem, li a correspondência dessa escritora, que passou a vida às voltas com o amor materno.

Como ela, escrevo esta carta para me consolar. Por que não me basta saber que você está na casa da sua avó e está bem? Me pergunto se a falta tem a ver com a experiência da gravidez, o tempo em que a mãe nunca fica sem o filho, um tempo em que, além de ser eu, eu era você, homem além de mulher e particularmente feliz. A falta pode ser a expressão do desejo impossível de voltar a esse passado de completude.

Outro escritor em cuja história pude me aprofundar, graças a uma viagem, foi Joyce. Oswald foi a Dublin a trabalho, e eu pude entrevistar Ken Monaghan, sobrinho de Joyce, para o jornal. Foi um acontecimento para quem passou a adolescência lendo e relendo o *Ulisses*, na esperança vã de entender tudo.

Monaghan contou que, na infância dele, Joyce era uma palavra feia em Dublin. A ponto de sua mãe lhe dizer que não devia negar o parentesco, mas não precisava espalhar a verdade. A difamação do sobrenome Joyce se deve a John, o pai de James, que era alcoólatra e, num período de 11 anos – de 1893 a 1904 –, obrigou a família a se mudar 16 vezes de casa por não pagar o aluguel. Talvez por isso Joyce considerasse que a paternidade não passa de uma ficção legal – que só o pai espiritual importa, não o pai biológico.

Mas foi John, o pai alcoólatra, quem mais inspirou o escritor. Em *Os dublinenses*, a maioria das histórias o evoca. Em *Retrato do artista quando jovem*, Stephen Dedalus descreve o pai como Joyce poderia descrever o seu: um tenor, um político, um ótimo companheiro, um contador de histórias. No *Ulisses*, o pai aparece das mais diversas maneiras – pelo som da voz, pela atitude física – e ora inspira Bloom, ora Stephen Dedalus.

A fim de fazer sua obra, Joyce quis distância de Dublin, que "paralisava a mente'. Queria "criar a consciência da raça" e, para tanto, se exilou. Não há recurso mais poderoso do que o exílio quando se trata de ficar à escuta de si mesmo. Sei disso por ter me debruçado sobre a história de Joyce, e agora posso responder à pergunta que você me fez mais de uma vez: "Por que você ainda passa seis meses por ano na França?" Por um lado, para evitar as interferências. Por outro, para me tornar mais produtiva, pois vivo em falta do português e, para não sentir a falta, eu escrevo.

Shakespeare foi o terceiro autor em quem me aprofundei. Oswald e eu fomos a Londres uma primeira vez para assistir a *Hamlet*, no Globe Theater, e depois passamos a ir todo ano. Nenhuma obra literária mostra mais claramente as consequências trágicas da nossa sujeição ao ancestral. O fantasma do pai de Hamlet entra em cena exigindo vingança. Hamlet deve matar o assassino do pai. Por obedecer à exigência, ele mata e morre – a obediência lhe custa a vida. Como ele, todos nós estamos expostos à tirania consciente ou inconsciente do ancestral. Para viver, é preciso sustentar o *não*.

No Globe Theater, eu sempre me surpreendo. Nunca me esqueço de *Sonho de uma noite de verão*. Os personagens estavam de pijama ou camisola e a passagem do mundo do sonho para o mundo real se fazia só através de luzinhas costuradas na roupa. Quando acesas, era noite e, quando apagadas, era dia. Aprendi com essa encenação que, também no teatro, *less is more*. E passei a acariciar a ideia de criar uma companhia de teatro que fizesse muito com pouco – pouco figurino, pouco cenário e poucos artifícios –, exigindo o máximo do dramaturgo e do ator. Você me incitou a realizar esse desejo me presenteando, no Natal, com um livro de teatro: *Anne Bogart... uma diretora americana*. Sem que eu diga nada, você sempre me dá exatamente o que eu desejo. Sabe o que me contenta. Você me ama. Espero te ver o quanto antes, te ouvir. Não sei o que você pretende fazer da sua vida, porém, seja qual for a sua decisão, ela agora me convirá. O que me importa é ver você no seu caminho.

Escrevi e dirigi mais de uma peça, na infância, sem nunca ter ido a um teatro. Meus pais não se deram conta da vocação da filha por desejarem que fosse médica. Mas, como o desejo é subversivo, voltei continuamente ao teatro ao longo da vida.

Fiz isso primeiro através da psicanálise. Os psicanalistas só não comparam sua prática a um teatro por medo de desqualificá-la, usando uma referência artística. Lacan sabia que a cura analítica é uma arte, e ela não existe sem o chamado *artifício analítico*, ou seja, um cenário invariável – a poltrona e o divã – e o analista no desempenho do seu papel. Pode-se dizer que o analista é um ator que finge não representar.

Depois de alguns anos praticando como analista, voltei ao teatro através do psicodrama. Comecei a formação em São Paulo e fui me especializar com Zerka Moreno, que tinha um só braço, mas, atuando como psicodramatista, parecia ter vários. Trabalhei com ela no teatro de Nova York, onde, uma vez por semana, ela dirigia um psicodrama público, e eu participava como ego auxiliar, ora contracenando com o protagonista, ora sendo o duplo dele. Ao voltar para o Brasil, passei a exercer como diretora, porém não me satisfazia com isso. Desejava continuar a formação analítica interrompida, e acredito que também tenha escolhido Lacan pela sua teatralidade.

Insensivelmente, ao longo do tempo, fui me aproximando cada vez mais do teatro. Mas levei anos para conhecer um grande diretor e ousar a dramaturgia. Meu encontro com Zé Celso data de um artigo que escrevi, tomando sua defesa. Zé Celso havia sido chamado pela imprensa "o decano do ócio" – porque supostamente fazia mais política do que teatro.

A partir do encontro, assisti a todas as suas peças. Quando começou a ensaiar *Os sertões*, cuja montagem durou cinco anos, pedi que me deixasse assistir aos ensaios e me transportei com o elenco para o sertão. Ouvi a língua suntuosa de Euclides da Cunha na boca dos meninos e das meninas pobres do Bixiga e chamei o Teatro Oficina de TBI, Teatro Brasileiro da Inclusão. Ouvi que falavam das "amplitudes dos Gerais" ou do "maciço continental", educando-se com o tesouro da língua, e não com a língua pobre da internet e da televisão.

A peça mostrava repetidamente que as tropas, sejam elas quais forem, rumam sempre para a morte. As cenas eram quadros que o diretor pintava com os atores, fazendo-os dizer o texto em função da música. O resultado eram imagens arrebatadoras, como as dos cineastas, cuja referência é a pintura.

Escrevi sobre a montagem inteira e, quando o Oficina foi para a Alemanha, cobri o espetáculo de Recklinghausen, que fica no coração da indústria militar e produziu as armas utilizadas na guerra de Canudos.

Graças a esse trabalho, eu havia conquistado o espaço do teatro quando seu pai morreu – quando perdi o homem mais teatral que eu conheci. A agonia foi tão dramática quanto o enterro, que ele mesmo programou. Quis ser enterrado de *smoking* no pequeno cemitério da Loraine onde fica o túmulo da família. Pediu que o corpo fosse disposto em direção ao leste, "de onde os alemães podem chegar". Como se, mesmo depois de morto, o homem devesse ficar em estado de prontidão. Considerava que a guerra é inevitável e se valeu do próprio enterro para reafirmar isso.

Atendemos ao pedido e, depois da missa de corpo presente, acompanhamos o féretro até o túmulo. No meu pequeno necrológio, lembrei que ele não fez uma apologia vazia do biculturalismo. Deixou que o seu sangue se renovasse com o casamento, tornando-se tão francês quanto brasileiro. Também falei isso para você valorizar o fato de ser bicultural.

Seu pai foi enterrado e, uma semana depois, uma peça minha estreou em São Paulo no Oficina. Com isso, abriu-se a perspectiva de trabalhar com os atores e me aprofundar na criação dramatúrgica, esquecendo a minha nova condição – a de viúva.

Seu pai foi meu melhor interlocutor e o trabalho de luto foi longo. Como *nunca mais* falar com ele? Me perguntei isso até entender que podia imaginar as respostas e assim torná-lo presente. Me consolei quando entendi que "ninguém morre enquanto existe no coração do outro", como diz tão simplesmente a sua avó. Verdade que havia anos eu já estava com Oswald. Mas o amante não me consolava da perda do marido. Sei que sou contraditória. Quem não é?

Quando seu pai faleceu, apesar dos seus vinte anos, você não passava de um menino, e eu te escudei, assumindo as responsabilidades que até então eram as dele. Pouco antes de morrer, ele me disse solenemente: "Você será a minha viúva". Foi a maneira de me pedir que cuidasse de você. Como se eu pudesse não fazer isso... como se algo pudesse me desviar do cuidado. Estou destinada a ele, pois, queira ou não, *eu sou você*. Um espinho no seu dedo dói no meu. Não sei como explicar isso. Talvez mãe nenhuma saiba.

Sou você, embora *você não seja eu*. Não é e não pode ser, porque essa é a condição da sua existência. A diferença da relação entre a mãe e o filho e entre dois amantes é que mãe e filho foram Um e precisam se tornar dois, enquanto os amantes querem ser Um e são dois. A mãe e o filho estão fadados à separação, e os amantes, a desejar uma unificação impossível.

Separar-se do filho é deixar que ele possa diferir e, mais que isso, se ausentar. Talvez nada seja tão difícil quanto dizer: "Vá em direção a você mesmo". Foi a fim de ter a filha presente que, durante 25 anos, Madame de Sévigné escreveu para ela duas ou três cartas por semana. Mas não escreveu só por isso. Paradoxalmente, o fez para se separar da filha, existir através da sua escrita, e não da função materna, que cria a dependência e pode ser comparada a uma droga. A cada carta, Madame de Sévigné conquistava sua independência. Por sorte, o mesmo se passa comigo.

O apego à função materna falseia o julgamento a ponto de a mãe considerar ingrato o filho que se separa. Isso é claro numa das músicas mais comoventes dos Beatles, *She's leaving home*. Era uma quarta-feira, cinco horas da manhã, quando a filha – tendo deixado uma carta – fechou silenciosamente a porta do quarto, desceu até a cozinha, abriu sem barulho a porta de casa e saiu. Ao pisar do lado de fora, "ficou livre", diz a letra. Segue-se a lamentação dos pais: "Nós demos o essencial das nossas vidas, nos sacrificamos, demos o que o dinheiro pode comprar". E a mãe acrescenta: "Papai, o nosso bebê foi embora. Por que tanta indiferença? Como foi que ela pôde fazer isso?"

Para essa mãe, que se refere à filha como "o nosso bebê", a partida é um ato injusto, cruel. Sem o bebê, ela fica imaginariamente privada do corpinho, que se molda sem resistência no seu colo... da mãozinha, que ela pode pegar e cabe na palma da sua mão... do pezinho oferecido. Fica privada de uma inocência, que faz dela a protetora, e de uma demanda contínua, que a transforma numa fonte perpétua de amor. Com o bebê, a mãe não sabe do tempo, pois seu tempo é o da paixão que não acaba nunca pelo filho.

Embora meu pai já não estivesse, sua avó disse "Papai, o nosso bebê foi embora" quando eu embarquei para ficar na França até o fim da análise com Lacan. Chorou por todas as suas perdas. Foi soluçando de São Paulo até Campinas, onde embarquei com o cóccix quebrado para viajar de pé até o meu destino. Também eu me lamentava nesse dia. Deixar o Brasil, meu sol meu mar, para viver num país do Norte, "um país muito frio para quem cresceu de tanga e descalça como um curumim", como diz Seriema.

A mãe só pode se separar e liberar o filho abrindo mão da fantasia de que ele é um bebê e aceitando que ele é um adulto. Drummond diz que, para a mãe, o filho é sempre um grão-de-bico. Porém, cabe a ela se livrar dessa fantasia. Ser mãe também é a arte de se separar na hora certa.

Reconheço que fui retardatária. Mas o momento de virar a página chegou. A fantasia de que o filho é um grão-de-bico faz sofrer, e eu agora quero a fantasia para escrever e me alegrar. Me apeguei a você excessivamente e me perdi de vista.

Escrevi esta carta me deixando preceder pelas palavras, confiando no saber delas. A escrita datou o apego do passado. Não estou mais na posição em que estive, esquecida das forças vitais da separação. Passei para outra posição, como a velha dama indigna, a heroína de Brecht.

Foi para se revitalizar e viver que ela mudou radicalmente de vida depois da morte do marido. Não quis morar com nenhum dos filhos. Convidava os netos para lanchar no domingo, e só. Em compensação, ia ao cinema todo dia e ao ateliê de um sapateiro situado numa rua de fama duvidosa.

Seis meses depois de ter se tornado viúva, ela, que sempre havia cozinhado para a família inteira, passou a comer duas vezes por semana no restaurante. Quando morreu, os familiares ficaram sabendo que tinha hipotecado a própria casa. Como o sapateiro abriu uma loja de sapatos sob medida, concluíram que o dinheiro tinha ido para ele.

No final do conto, Brecht diz que sua heroína viveu duas vidas: uma como filha, mulher e mãe e outra como Madame B, uma pessoa sem obrigações. A isso ele acrescenta que o primeiro tempo durou sessenta anos, o segundo, dois, e a velha senhora comeu o pão da vida até a última migalha.

Quero ser como ela. Viver agora para a atividade de que mais gosto e com os meus pares, os que privilegiam a escrita e a escuta. Não sei quanto tempo essa última vida vai durar e, por isso mesmo, preciso vivê-la intensamente.

Vivê-la com Oswald ao meu lado. Por não sabermos do desacordo e por ele um dia ter me dito: "Mesmo numa cidade em ruínas, você e eu estaríamos bem".

Betty Milan é paulista. Autora de romances, ensaios, crônicas e peças de teatro. Suas obras também foram publicadas na França, Argentina e China. Colaborou nos principais jornais brasileiros e foi colunista da *Folha de S. Paulo* e da *Veja*. Trabalhou para o Parlamento Internacional dos Escritores, sediado em Estrasburgo, na França. Em março de 1998, foi convidada de honra do Salão do Livro de Paris, cujo tema era o Brasil. Antes de se tornar escritora, formou-se em medicina pela Universidade de São Paulo e especializou-se em psicanálise na França com Jacques Lacan.

Site da autora: www2.uol.com.br/bettymilan/

Este livro foi composto na tipologia Times New Roman,
em corpo 12.5 e impresso em papel Offwhite no Sistema
Cameron da Divisão Gráfica da Distribuidora Record.